GLOBAL BRAND POWER
Leveraging Branding for Long-Term Growth

沃顿商学院

品牌课

凭借品牌影响力
获得长期增长

[美] 芭芭拉·卡恩 Barbara E. Kahn

中国青年出版社
CHINA YOUTH PRESS

图书在版编目（CIP）数据

沃顿商学院品牌课：凭借品牌影响力获得长期增长 /（美）卡恩著；崔明香，王宇杰译.
—北京：中国青年出版社，2014.7
（沃顿商学院高级管理核心课程）
书名原文：Global brand power：leveraging branding for long-term growth(wharton executive essentials)
ISBN 978-7-5153-2543-9

Ⅰ.①沃… Ⅱ.①卡…②崔…③王… Ⅲ.①品牌企业管理–研究 Ⅳ.①F272.3

中国版本图书馆CIP数据核字（2014）第151231号

Global Brand Power: Leveraging Branding for Long-term Growth (Wharton Executive Essentials) © 2013 by Barbara E. Kahn.
First published in the United States by Wharton Digital Press
Simplified Chinese translation copyright © 2014 by China Youth Press.
All rights reserved.

沃顿商学院品牌课：
凭借品牌影响力获得长期增长

作　　者：[美] 芭芭拉·卡恩
译　　者：崔明香　王宇杰
责任编辑：周　红
美术编辑：李　甦　张燕楠
出　　版：中国青年出版社
发　　行：北京中青文文化传媒有限公司
电　　话：010-65511270/65516873
公司网址：www.cyb.com.cn
购书网址：zqwts.tmall.com　www.diyijie.com
印　　刷：三河市文通印刷包装有限公司
版　　次：2014年9月第1版
印　　次：2019年3月第4次印刷
开　　本：787×1092　1/32
字　　数：90千字
印　　张：5.25
京权图字：01-2014-1644
书　　号：ISBN 978-7-5153-2543-9
定　　价：33.00元

版权声明

任何人都可以销售产品，但只有真正的天才能创造一个全球性的品牌。

——大卫·奥格威（奥美公司创始人、现代广告教皇）

GLOBAL
BRAND POWER
目 录

引 言

在当前的时代，品牌必须是全球化的。品牌所提供的价值应该能够面向全球不同的国家，迎合多种多样的文化。也就是说，品牌需要具备足够大的弹性，从而为产品线的延伸预留出合理的空间；其次品牌需要具备足够强的灵活性，从而能够适应瞬息万变的市场条件；再次，品牌需要具有足够好的一致性，那么当消费者身处不同的环境才不至于对其产品定位感到困惑；最后品牌还需要具有足够高的专注性，从而为消费者提供区别于竞争对手的差异化产品。

在这个完全透明的时代，通过各种社交媒体，一次错误可以迅速地传遍整个世界。因而对于一个品牌来说，无论所处的市场如何，都必须秉承同样的核心价值观。如果核心价值观在各个不同的市场中无法做到统一，那么品牌的可信性必然受到威胁。当消费者

身处不同的市场时，如果同一品牌在不同市场中的定位不同，消费者则会感到迷惑，品牌也将失去其影响力。当某一品牌的核心价值观出现了不一致的情况，消费者必然会指出其中的差异，品牌的价值也将会遭受挑战。

品牌和产品并不是完全等同的。品牌必须是全球化的，但是当向新市场推出具体的某个产品时，则应当充分考虑当地的文化氛围、风俗习惯，在广告策划、分销、产品定价等各个方面，要时刻牢记当地的市场条件。

品牌与产品之间存在的差异从1985年以后开始变得清晰起来。虽然在1985年以前品牌的概念也已经存在了，但无论是消费者还是企业的经营者都没能体会到品牌的真正影响力，他们也没能认识到品牌是具有生命力的，更没能认识到品牌具有独立于产品的属性。

在1985年以前，各个品牌几乎都无一例外地以产品为核心。我们可以联想一下可口可乐（Coca-Cola）、吉列（Gillette）、纳贝斯克（Nabisco）、坎贝尔（Campbell）、立顿（Lipton）、固特异（Goodyear）、家乐氏（Kellogg）等品牌。上面所提到的这些品牌在过去以及当下都是响当当的品牌，但是它们在品牌成立的初期，都是以特定的产品形象为公众所熟悉的。正是这种以产品为核心的定位在当时成为影响其成长、阻碍其获得全球信誉的关键因素。

此外还有一些品牌在1985年以前也是非常知名的，比如奥兹莫比尔汽车（Oldsmobile）和柯达（Kodak），但这些品牌与产品的联系过于紧密，没有努力打造品牌在全球范围内的知名度，它们在未来的市场竞争中成功的机会也很少。

在1985年以前，消费者愿意为某一特定品牌的商品支付更高的价格，但是消费者与品牌的联系并不紧密，很少有人会因为其与品牌之间的关系而执着地捍卫这个品牌。但是，改变的意识开始萌芽，例如一些品牌开始在营销方面做出一些变化，即使当时消费者并不喜欢这种变化，也像这样寻求改变的营销者们逐渐清楚了品牌的重要性，但困难在于他们还不知道如何去打造品牌，不懂得如何有效地利用品牌，也没有试图通过各种途径促进消费者与自己的品牌建立紧密的联系。

那么1985年到底发生了什么事情，让营销者们改变了他们之前对于品牌的认识？

在这一年里，可口可乐推出了一款叫作"新可乐"（New Coke）的产品，并且从超市的货架上撤下了之前一直在售的"经典可口可乐"（Classic Coke）。

新产品推出的背后总是有其市场原因。当年，由于可口可乐公司采用了全球扩张的战略、占领了餐饮业以及自动售货机的市场，可口可乐公司成为一家比百事可乐公司规模更大的跨国公司。但是，可口可乐在超市中的市场占有率并不高，而这是消费者可以自由选择产品的唯一渠道。百事可乐推出了"百事挑战"这一经典的广告宣传活动，活动结果表明大众更喜欢百事可乐的口味。作为对"百事挑战"的回应，可口可乐在经过大量的市场测试后推出了名为"新可乐"的产品，对百事可乐和"新可乐"的口味所进行的盲测表明，消费者似乎更偏爱"新可乐"的口感。

当时，可口可乐公司的管理层并没有意识到，消费者对于饮料的选择并非严格遵循口味偏好等具体的产品特征，而是基于对品牌的忠诚度。

多年来，可口可乐这一品牌与美国小城镇消费群体密切相关。可口可乐出现在著名画家诺曼·洛克威尔（Norman Rockwell）手绘的油画广告中，出现在第二次世界大战时美国人发起的"支持我们的军队"这一活动中，还频繁出现在圣诞节的各种庆祝活动中。可口可乐还随着美国奥运军团走遍了世界各地。经典的电视节目《美国一家人》中，奥奇（Ozzie）、哈里特（Harriet）、大卫（David）和瑞奇·尼尔森（Ricky Nelson）都喝可口可乐。在剧中，可口可乐被认为是真正的地道货，当他们提到"它"时，指的就是可口可乐。而当可口可乐公司的管理层决定将"经典可口可乐"从超市下架时，他们所撤下的不仅仅是一个产品，更多的是拿走了人们所钟爱的一件东西。随后的市场调研结果表明，消费者觉得可口可乐公司背叛了自己。一位消费者曾经抱怨道："这种感觉就像丈夫欺骗了自己，那种伤心和沮丧的感觉是无法言说的。"

消费者的反应令人震惊，而这一反应恰恰向可口可乐公司及全世界证明了消费者本身对于品牌是有一定的忠诚度的，但这种忠诚度未必与特定的产品特征相关。明白了这一点后，学术界和商业人士对于品牌的认识有了翻天覆地的变化。

二十五年后的今天，关于品牌如何发挥其价值和作用的认识，我们已经积聚了大量的知识。市场营销经理认识到品牌是一种投资，品牌本身是有价值的，并且其价值超过最初投入的有形资产。有了这样的认识，企业管理者们就能够制定出在较长时期内具有一贯性的全球品牌战略，而这样的战略规划可以为企业带来巨大的增长机会。著名品牌往往具有较高的市场份额，较高的价格和较大的利润率。自从1985年以来，排名在前一百的世界顶级品牌所实现的增长率超出世界发达经济体GDP增长率的幅度为35%。

消费者对此也有反应。虽然在1985年之前也有一些著名品牌存在，但是当那些本来已经很出色的品牌采用了新的市场战略后，它们在消费者中建立起了更加强有力的品牌忠诚度。新一代消费群体不再把品牌认同当作是一件怪异的事情，消费者们乐于穿戴印有自己钟爱品牌商标的服饰。在一些流行的电视节目、歌曲和畅销书中经常会提到某些品牌，因为通过这种方式，可

以迅速地塑造人物形象。苹果公司创始人史蒂夫·乔布斯将消费者对于品牌的钟爱发挥到了极致，在他去世的时候，消费者们自愿地把鲜花摆放到苹果专卖店里，并以这种方式表达他们对这个传奇人物的悼念。苹果专卖店是人们悼念乔布斯的最好祭坛，所以品牌甚至为消费者提供了一种类似宗教的体验。

那些全球知名品牌的影响力能够不断提高并不是偶然和巧合。我们已经学会了如何去打造一个品牌，学会了如何为品牌找到适合的定位，学会了如何在品牌与消费者之间建立情感联系，学会了对品牌定位进行动态调整从而适应瞬息万变的市场。此外，我们还学会了如何去度量这些情感的或者象征意义上的联系，学会了如何对品牌的商业价值做出解释，学会了分析名牌产品在价格上所能获得的额外空间。总而言之，现在我们学会了利用品牌、管理品牌从而帮助企业获得成长。

知名品牌绝不是偶然出现的。随着时间的推移，品牌管理者们必须不断对品牌进行强化和有效管理才能获取长期价值。知名品牌与客户建立了广泛的联系，通过社会媒体和客户参与等方式，在与客户建立联系的过程中，同时也树立了品牌的形象。努力解决好这些问题是每一位营销者所面临的挑战。

品牌管理从产品导向到客户导向的变迁

想要理解品牌策略的变化，我们首先需要知道最基本的市场运行机制。用简单的术语来解释的话，市场是买卖双方进行商品交换的地方。如果考虑极端情况，还存在卖方市场和买方市场。在卖方市场中，卖方拥有绝对优势，掌握市场话语权；在买方市场中，买方则具有优势并拥有最终的选择权。很显然，当面对不同的市场条件，品牌策略也应该有所不同。

在卖方占主导地位的市场中，如果消费者想购买你的产品，他们会主动联系。对于某一品牌来说，在卖方市场的情况下，专注于产品的特性是有意义的。成长型战略就是向已经占有一定份额的市场中推出基于成熟产品的新品种，或者将已经成熟的产品推向新的市场。可口可乐公司当年推出的"健怡可乐"在市场上迅速获得了成功，有一个原因就是消费者相信新产品将秉承与原有的可口可乐核心产品相类似的特征。

但现在的市场条件在大多数情况下是不利于卖方的。受全球化、撤销管制规定、来自替代品的威胁以及竞争加剧等诸多因素的影响，在当今的市场中，卖方之间的竞争非常激烈，相应地，买方则拥有了更多的话语权和选择权。面对这种情况，要想说服消费者买自己的东西而不是选择竞争对手的产品，就必须以客户的需求为着眼点，要为客户提供他们认为有价值的商品。

正因为市场中的消费者是千差万别的，所以任何一个品牌、任何一种产品都不可能让所有人满意。为了应对这种情况，当处于卖方市场时，就需要采用市场细分策略。通过市场细分，将整个市场划分为若干个子市场，在每个子市场内部，消费者对于市场中各因素的变化基本表现出一致的反应，而在不同的子市场之间，消费者对于市场变量的反应则有较大的差异。经过市场细分，营销者们可以从中选出适合本企业的目标子市场，并在目标市场中努力培养出一种情感上的、真诚的客户关系。想要获得品牌忠诚度，首先需要在客户中建立信任和可靠性。当今世界联系越来越紧密，客户不仅可以通过生产商了解某种商品，也可以通过其他的客户获取信息。为此，商家的战略需要以客户为导向，努力培育出以客户为中心的氛围，从而促进客户与其建立业务联系，并在他们周围形成客户群体。公司的盈利能力取决于定价策略、长期客户关系以及交叉销售等多个因素。

品牌为消费者所"拥有"

苹果品牌所取得的巨大成功以及市场对其的尊崇证明消费者对于品牌的忠诚度可以达到很高的水平。这种忠诚度不仅来源于产品的消费者，还广泛存在于其他的群体中。例如，许多信息行业的专家非常忠诚于IBM，硬件的代工厂会尊崇英特尔，物流行业的从业者们忠诚于联邦快递。客户群体不仅会根据商家发布的市场信息做出反应，还会根据自己的实际体验形成对品牌的印象。对于这一点，GAP公司是深有体会的。GAP曾经想推出公司的新标志，但是新标志仅出现了一周便遭到了市场的强烈反对，迫使GAP公司换回了最初的标志。

当消费者与某一品牌建立了稳固的关系，他们也能够成为该品牌的坚定拥护者。有许多消费者将自己定义为"星巴克迷"或者"唐恩都乐迷"（唐恩都乐，一家专业生产甜甜圈、提供现磨咖啡及其他烘焙产品等的快餐连锁品牌，总部位于美国，为美国十大快餐连锁品牌之一）。他们对于品牌的忠诚可以堪比对于球队的热爱。如果品牌策略能够在消费者中产生共鸣，那么消费者会将自己喜欢的商品推荐给朋友或者其他相关的人。然而另一方面，消费者也可能因为一次不好的体验而惩罚某个品牌，或者利用品牌的固有声誉而提高自己的曝光率。例如善待动物组织（PETA）就经常会发起一些针对某些著名品牌的抗议活动，因为他们知道，这些活动的消息往往会被刊载在主流媒体上。

了解品牌资产

当某个品牌取得成功以后，我们都可以轻松地识别出好的品牌。当某个品牌遭遇巨大的失败后，我们也能够获悉。但是在市场揭晓答案之前，有谁可以分辨出好品牌与差品牌的区别呢？这正是本书将要解决的问题。本书致力于帮助管理者们去塑造、衡量并管理自己的品牌。

本书将要探讨以下几个方面的话题：

❑ 既然是客户拥有品牌，那么对客户的品牌评价过程加以了解是非常必要的。这一心理过程对品牌的设计有什么启示呢？在创造以客户为中心的品牌时，社交媒体网络发挥了什么样的作用呢？

❑ 强势品牌的定位通常优于竞争性品牌。在对品牌做出最佳定位时应遵循哪些机制呢？当我们不仅考虑到客户对于品牌的认知，同时也考虑社会、行为、情感以及文化等多方面因素时，如何建立完整的品牌体验呢？

❑ 通过定性和定量评估可以理解品牌的含义以及如何利用品牌为公司创造价值。

● 本书将会对目前应用非常广泛的品牌定性评估技术进行介绍，包括：阶梯分析法、隐喻诱引技术、人种论研究。

● 本书也将会对目前应用非常广泛的品牌定量评估技术进行探讨，评估对象包括品牌知名度、品牌态度、品牌情感、品牌与消费者关系以及品牌满意度等方面。

● 本书还将会介绍应用最为广泛的两种商业品牌评估技术，包括：品牌资产评估模型、Interbrand（成立于1974年，是全球最大的综合性品牌咨询公司，致力于为全球大型品牌客户提供全方位一站式的品牌咨询服务）品牌价值评估模型。

❑ 本书将会探讨在企业的价值创造过程中，品牌是如何成为一个体系并发挥其作用的。多品牌组合与品牌化的组合之间存在什么区别呢？在企业的社会责任（CSR）战略中，品牌发挥了什么样的作用呢？企业并购中所涉及的不同品牌的混合对原有的品牌策略会产生什么影响呢？品牌扩展、双重品牌策略、品牌授权等策略是如何助力企业实现价值增长的呢？

❑ 本书还对保持品牌的新鲜感和现代感给予关注。当某个品牌迷失了发展方向时，对品牌进行重新定位的最好方法是什么呢？应该如何应对品牌所面临的危机呢？

在本书中，我将会把近25年来学术界以及品牌战略管理者们在理论研究和实践中所取得的最尖端成果综合起来加以介绍分析，书中还会引用到一些非常有名的实际案例，通过这样的分析，使我们了解塑造伟大品牌的关键因素是什么。本书还将向读者展示为什么塑造强势的品牌是非常重要的。强势品牌在全球范围内能够非常容易地被消费者所识别，强势的品牌由于定位准确从而可以使企业获得可观的投资回报。事实上，很少有其他的市场营销策略能够如此可靠地渗透到每一个消费者。

GLOBAL
BRAND POWER

第一章

CHAPTER 1

品牌在客户采购流程四个阶段中发挥的作用

▶ **本章涵盖以下内容：**

· 生活阶段：引发需求

· 计划阶段：激发对备选品牌的兴趣

· 购买阶段：选择适合的品牌和产品

· 体验阶段：购物以及退货

· 美国金宝汤公司品牌管理案例分析

买芥末酱曾经是一件非常简单的事，至少表面看起来是很容易的。消费者是想要罐装的还是挤压管的？是喜欢旗牌（French's）的，还是对亨氏（Heinz）或者第戎（Grey Poupon）的芥末酱情有独钟？其实消费者差不多都是按照下面的流程来选择的：

首先选出几个在当地比较受欢迎的品牌，然后从中选出自己想要的品牌和产品。在这个过程中，广告会影响消费者的选择，其他的一些因素也同样可以对消费者的选择产生一定影响。你想要劳斯莱斯广告中两个男生所分享的那种芥末吗，如果是的话就买第戎的。如果想通过芥末而想起棒球场或者国庆节野餐会，那就应该选择旗牌的。但是总而言之，选择范围是有限的，销售地点也是可以预料的。

但是如今看来，买芥末这件事已经不再像以前那么简单了。在谷歌上搜索"最好的芥末品牌"，在搜索结果中点开

seriouseats.com网站，可以看到该网站给出了三十九种芥末的口味测试结果，这些芥末一共被分为以下六大类：最好的黄芥末、最好的第戎芥末、最好的辣芥末、最好的蜂蜜芥末、最好的颗粒芥末酱，其他口味芥末。在芥末酱的外包装方面，可以选择六边形罐装的或者有机材料容器的。另外，消费者可以选择的购物地点也更加丰富起来，与传统的商店相比，这些购物地点（Trader Joe's连锁店和Whole Foods 365）对某些消费者来说可能会更加便利。

刚才我们所介绍的对于芥末酱的选择，似乎仅仅是当下选择泛滥的世界中一个非常平凡的例子。

自古以来，当人们有了某种需求或者愿望，同时又可以通过购买行为得到满足后，他们的角色就转变为了客户，但是当下，采购的流程已经不再是简单的买或不买的决定。在客户的整个采购流程中，那些有想法的优秀品牌有很多机会可以介入到这个流程中，从而影响客户的选择，并且最终获得客户的品牌忠诚度。对于不同的客户来说，采购流程是存在细微差别的，但是总的来说，采购流程可以概括为四个阶段：生活阶段、计划阶段、购买阶段和体验阶段。

如果消费者最终没有选择自己的品牌，品牌的管理者们应该想想到底哪个阶段出了问题。消费者没有选择的原因可能是没听说过这个品牌，又或者是对这个品牌有些错误的印象。此

图 1.1　客户采购流程的关键阶段

生活阶段	计划阶段	购买阶段	体验阶段
引发需求并且确定能够满足该项需求的品牌	对能够满足自身需求的备选品牌，收集信息，激发兴趣	通过对各个备选品牌进行比较，选出适合自己的品牌	对于某品牌商品的使用及退货的体验

外，客户不选择自己的品牌也可能是因为商品缺货或者定价不恰当，还可能是因为竞争对手向消费者传达了更好的品牌信息，这一点将会在下一章展开讨论。如果问题进一步复杂化，无论消费者采用线上、线下还是电话购物的方式，采购流程的各个阶段都可能出现问题，每一个阶段都可能单独或者与采购的其他阶段一起出现问题。消费者在买东西时可能根本不做什么思考，没有对品牌给予什么关注。还有可能是以一种受控的方式做出反应，对品牌带有更多的认知思考和关注。

通常，强势品牌在整个采购流程中的各个阶段都有其突出的优势，但是在整个流程的最初阶段占有优势并不意味着客户最终会选择这个品牌。这一点，可以通过让商家感到沮丧的"展厅现象"来证明，例如，著名的电子产品零售集团百思买集团就深受"展厅现象"的困扰。

"展厅现象"指的是消费者在购买商品前——即采购流程的计划阶段，是在实体商店进行的，例如消费者可能会到百思买集团旗下的实体店查看自己计划购买的商品，然后到真正购买时会到亚马逊之类的电子商务网站下单的现象。类似地，消费者也可能去浏览某些品牌商品的网站，了解这些品牌商品的优缺点，然后去别的什么地方买个山寨货。如果在整个采购流程的各个阶段，企业都能够知晓消费者的心理活动变化，那么就可以在很大程度上提高消费者与该品牌建立长期关系的可能性。

第一节　生活阶段：引发需求

消费者首先是人，他们每天的大多数时间都是用来处理日常琐事。那么对于品牌来说，核心目标就是让自己的品牌引起注意。当消费者有了某种需求，并且这种需求可以通过购买某种商品来得到满足时，品牌与消费者之间就有了相关性。有时候，需求是自然而然出现的，比如某人肚子饿时就会想要买些东西来吃，再比如家里的面包机坏了，那就需要买个新的来替换一下。有时候，需求是由市场引发的，比如宝马发布了最新款的敞篷跑车，这时候就会引发"需求"，虽然宝马的客户并不知道自己已经有了这种需求；再比如报纸上登出了一个新菜谱，那么菜谱中所提到的那些配料品牌就会引发消费者的需求。有时候，需求的产生是因为人们在模仿别人做的事。德怀恩·韦德在迈阿密热火队率先戴起了无镜片的黑框眼镜，后来在一次外出活动上，这种眼镜竟成了热火队的标准装扮。

还有时候，需求的产生是因为生活状态发生了变化。当人们结婚了，搬家了，或者生小孩了，通常就需要购买各种各样的生活用品。

品牌自身能够激发需求

假使日常生活中的种种情况并未引发需求，品牌自身也能够刺激需求的产生。例如，苹果成功地将自己的品牌与创新联系在一起，从而刺激了消费者的需求，很多人甚至都没有意识到自己有这方面的需求。在IPAD诞生之前，大多数人都没有意识到，没有平板电脑的生活是不完整的，更不要说Ipad Air了。联邦快递则开创了重要信件次日必达的服务，而律师和会计师们甚至都没想过还能有这种服务。品牌也能通过延伸产品线来创造需求。斯纳普（Snapple）饮料公司和本杰瑞冰淇淋（Ben & Jerry's）开发的口味奇特的产品促进消费者进行多样化的选择，从而实现更高的销售额。与之类似地，希尔斯（Hill's Science Diet）通过开发科学饮食，激发了消费者对健康型的猫粮狗粮的需求。品牌可以通过在传统媒介上做广告来创造需求，也可以通过在线发送提醒、电子邮件的方式来创造需求，或者通过Gilt.com，RueLaLa.com和Fab.com等限时抢购的网站来创造需求。即使品牌本身并没有引发需求，但是需求也可能会在某个合适的时间、合适的地点出现。例如，AT&T公司通过把公司的电话刊登在美国邮政所派发的自由留学生指南上来推销自己的服务。

强势的国际品牌具有很高的品牌知名度

无论是通过日常生活还是市场推广活动，一旦人们形成了对某种产品的需求，那对于特定品牌来说，下一步需要做的则是引起客户注意，争取进入到客户的备选清单中。这个时候，那些国际知名品牌便掌握了非常关键的优势：它们已经进入客户的备选清单中，而对于一些商品来说，备选品牌一般也就是三四个。一旦有了需求，强势的品牌可以迅速出现在客户的脑海中。在消费者的记忆中，已然存在着与强势品牌的千丝万缕的联系，因此这些品牌便具有了记忆编码的优势。某个品牌与客户的联系越多，那么当需求出现时，这个品牌越是容易被客户联想起来。

在记忆中，不出名的品牌通常都会以产品的形式被统一放在一个类别中，因此当消费者想起的时候，脑海里呈现的是某种商品的形象（例如篮球鞋），而不是某个品牌（比如耐克或者阿迪达斯）。很明显，每个品牌都希望自己能够最先被消费者所想到，但是如何为品牌建立起较高的知名度呢？事实上，强势品牌及其知名度二者是相辅相成的。名牌产品通常具有比较高的市场占有率和比较广的市场覆盖面，这两点使品牌获得了第一提及知名度。在很多不同的场合，具有第一提及知名度的品牌能够非常容易地进入消费者的视野中，成为他们的备选品，并且最终的购买行为则再次强化了这种品牌知名度。

对于新品牌来说，可以通过广告、口口相传、病毒式营销策略或者公共关系活动等塑造品牌的知名度。但是我们始终需要牢记的是，如果消费者没有对品牌采取的各种推广活动予以关注，那么再好的广告策略也是无效的。品牌向大众传递的各种信息需要具有较强的穿透能力。

品牌要能够抓住客户的注意力

在遇到某个特别的刺激时，消费者所表现出的关注，可以归纳为两种，即有意识的关注和无意识的关注。

有意关注是指消费者主动获取品牌的信息，但是有意关注存在以下几个问题。首先，有意关注受消费者视野的影响，消费者通常仅会关注自己所能接触到的信息。如果没有浏览过某个品牌的网站，也没有光顾过这个品牌的实体店，他们就不会注意到这个品牌。如果消费者在购物时已经设定好价格区间，而你的品牌没有落到他们的价格区间内，那么也很难被注意到。

因此，就算消费者有意向去了解你的品牌，也首先要让他们有机会接触到自己的品牌。但消费者对于品牌的关注会被一些先入为主的看法和期望所影响。这时就再次出现了让普通品牌很困窘的情况——很多时候消费者的眼里只有那些著名品牌。

有意识的关注所面临的第二个问题是：即使消费者有机会接触到某个品牌的信息，也需要有动机和能力去处理这些信息。怎么才能让消费者更愿意处理自己品牌的信息呢？首先这些信息应该是赏心悦目、新奇有趣的，其次这些信息应该出现在恰当的时间和地点，要设法使消费者的朋友帮助我们传播品牌信息。脸谱网（facebook）和品趣志（Pinterest）等社交网站在这方面有天生的优势和潜力。如果消费者的朋友喜欢你的品牌，那么更多潜在客户的兴趣就很可能被激发，他们也会对这个品牌的信息给予关注。

无意的关注指消费者的注意力被某些东西所吸引，而他们甚至都没有想过会去注意这些东西。例如，巨大的噪音，新颖的图像。大小、色彩、位置等因素如果具有强烈的对比性，往往更容易引起消费者的注意。在能够引起消费者注意的各种因素中，幽默也能发挥作用。此外，消费者与生俱来的完整性需求，使他们会关注不完整的数字或者图像。但是随着消费者逐渐适应了这些刺激，他们的注意力也会逐渐减弱。就像是食物，刚开始吃的时候觉得美味可口，但是如果反复吃同一种食物，便会觉得非常单调。与之类似，要想获得消费者持续的关注，就要不断向市场注入新鲜的刺激因素。

想要抓住消费者注意力，还有一个非常简单的办法就是利用"性"进行宣传。"性就是卖点"这句话，连小学生都知道。但是把"裸体"和"性"当作卖点来宣传，往往也会适得其反，引来无穷无尽的麻烦事。著名的服饰品牌CK曾经雇佣未成年的性感女模特来拍摄牛仔广告，虽然广告确实引起了关注，但与此同时批评的声音也不绝于耳，最终迫使公司撤下了这则广告。Abecrombie&Fitch（A&F）也曾经在商品目录和店面的宣传中大肆使用性作为卖点。虽然吸引了很多人光顾他们的店面，但是由于有些广告突破了一定的尺度，也遭到了消费者的集体反对。

最近，网上零售商Zappos推出了一组户外活动广告，在广告中，模特全裸出镜，在街头跑步、骑车，这组广告的卖点就是裸体模特。广告打着"帮你流汗而不犯法"的口号，目的是吸引人们去留意Zappos在服饰方面的新亮点。这个活动，不仅有数码形式的广告，还有二维码，活动的特点是通过展示各种不同身材的体型和曲线，协助消费者进行网上购物。如果消费者成功扫描了二维码，就可以进入到Zappos的网站，不仅可以观看广告的视频，还可以为模特穿上不同的衣服。当然，如果消费者愿意的话，也可以购买这些服装。

第二节 计划阶段：激发对备选品牌的兴趣

与吸引消费者的目光相比，让他们产生购买的想法，难度更大。以某个超市为例，通常陈列在货架上的碳酸饮料有五十种之多。在不看到这些商品的情况下，普通消费者可以说出其中的大约十二种碳酸饮料的名称，这就是品牌知名度缩减的表现。但即使是能够想到的十二种饮料，普通消费者最多也只会考虑购买其中的三至四种。在五十种商品中最终选出三至四种饮料作为备选清单的过程，反映了消费者长期接收各种品牌的信息，当面临决策时会如何处理这些信息。消费者怎么才能把你的品牌信息筛选出来呢？他愿意做多少搜索工作呢？这些信息是怎么被处理的呢？ 最后，你的品牌有哪些特征从而能够给消费者留下清晰、积极、独特的印象呢？

光有注意是不够的，消费者还需要理解品牌所传递的信息。品牌需要获得消费者的关注，从而获得成长的力量，但是关注仅仅是开端。消费者不仅需要关注品牌，同时还要能够理解品牌传达的信息。如果消费者面临太多的信息，他们很可能会把这些信息全部屏蔽掉。此外，消费者还需要有处理信息的能力。而只有当信息足够简单并且消费者有足够的时间来处理时才有可能。近期，彭尼百货（JCPenny）实行了"物有所值"的定价策略，以尝试重新塑造旗下商场的品牌形象。这一举措确实引起了消费者们的关注，但是消费者们却无法理解这一策略的用意，结果商场的营业额下降了将近20%。

为商品重塑形象，是能够引起购买兴趣的更为有效的方法。利洁时（Reckitt Benckiser）旗下的旗牌芥末酱（French's mustard）是本章开篇所谈到的一个品牌，一百多年来，这种芥末酱被视为热狗、汉堡包和三明治中不可或缺的美味佐料。但是旗牌想要为它的商品赋予新的用途从而带来更多的消费者，所以推出了辛辣口味的芥末酱。在他们发起的一次广告宣传中，曾描绘出了鲑鱼大餐的场景，而旗牌的芥末酱正好被塑造成制作鲑鱼大餐的关键材料。这样一则广告，不仅让芥末酱从简单的调料而变成了美味佳肴的原料，也让芥末酱从球场的小吃摊走进了高档的餐会。作为这次广告活动的辅助宣传，他们每天都在脸谱网上聚焦一款用旗牌芥末酱制作的美食来进一步推广。

消费者对品牌的印象受心理预期的影响

如果消费者以前没有考虑过你的品牌，现在是否有这样的意愿，与他们是否愿意搜索品牌的信息存在函数关系。通常情况下，消费者进行信息搜索的程度是一个直观的成本效益分析函数。考虑到搜索信息可能要花费的时间和遇到的麻烦，如果消费者觉得这个信息检索的过程能够产生明显的收益，他们就会有搜寻信息的意愿，反之，消费者则会满足于现有的信息或者对信息进行搜索的程度也会适可而止。

对于牙膏、手纸或者洗洁精等日常消费品来说，消费者通常不会去搜寻品牌信息，特别是在即使做出错误的选择，所付出的代价也很小的情况下。在这种情况下，消费者的选择会基于一些先入为主的产品预期，或者选择他们所熟知的品牌。如果环境发生了变化，比如遇到缺货或者价格调整，那么消费者会愿意搜寻更多的商品信息。

当一个新品牌或者特色商品出现在市场中时，消费者会产生搜寻信息的意愿。在非快速消费品领域，当消费者对于商品还没有形成预期时，他们在购买前往往会在较大的范围内进行信息搜索。

在任何情况下，新搜集到的信息都不会单独形成消费者的预期，这些信息与之前已经存在的心理预期并行。当新搜集到的信息与消费者之前的预期不一致时，这些信息往往更具有判断价值，此外，负面的信息比正面的信息更重要。但是消费者搜寻信息的目的并不是为了做出精确的判断，而是为了找到支持其心理预期的显著的特征。也就是说，消费者想找到的不是否定其预期的证据，而是能够验证其预期的信息。消费者乐于接受能够支持或者证实其想法的信息，并且往往会忽视或者拒绝与其设想相悖的信息。这就使得品牌的管理者难以改变消费者心中先入为主的观念。

在过去，品牌很难渗透到消费者中，品牌商家很难改变消费者冷漠消极的态度，但是现在这种情况有了很大的改善。人们乐于对朋友或者其他相关人的意见做出反馈。现如今，各种社交媒体，如脸谱网（Facebook）和推特（Twitter）等，为朋友之间的交流提供了平台。通过这些网络上的关系，品牌的忠实消费者可以成功地劝说他人与品牌建立联系，成为新的消费者。

品牌认识结构图是存于消费者记忆中的一组品牌联想

任何一个品牌，无论是强势的还是普通的品牌，在消费者的记忆中，都有关于它们的品牌联想。品牌认识结构图是与品牌相关的知识结构，或者也可以说是与品牌相关的各种想法、记忆等组成的网络图。消费者所掌握的品牌信息，包括品牌的名字、特征、评价以及营销方式等，形成一个个节点，并联系在一起。与普通品牌相比，消费者对于著名品牌往往具有较好的知识结构图。

消费者记忆中的品牌知识也可以称之为品牌联想网络，或者任何一个能够表达品牌知识与消费者的记忆之间关联关系的词语。当品牌联想网络中的某个节点被激发时，这种刺激便会在网络中传递下去，并对其他的节点产生影响。有些品牌联想因为经常受到外界刺激从而与这个品牌形成了稳固的联系，有些联想则跟品牌之间的联系较弱。这种节点间联系的抽象化水平也有所不同。有些品牌联想是非常真实的，例如产品功能或者操作方面的特征，有些联系则是抽象的，比如一些个性化特征或者体验价值。有些联想对于某个品牌来说是独一无二的，有些联想对于某个类别的产品则非常普遍。这些品牌联想可能是积极的、消极的，可能是自传性的，或者只是中立的。整个品牌联想网络，或者说品牌认识架构，是当提起某个品牌时，消费者头脑中出现的关于该品牌的所有认识的结合体，代表了消费者对于该品牌的一整套心理预期。

例如，麦当劳的品牌认识结构图中包括金黄色的拱形标志，麦当劳叔叔，汉堡，快餐，炸薯条，家庭，以及放学后去的地方等内容。每一个这样的联想都会触发一系列远远脱离品牌核心意义的其他联想。举个例子来说明，对于家庭的联想可能会令人联想到其他与家庭有关的活动。我们可以把品牌认识结构想象成一组以品牌为中心点的意识流。这种认识结构图经常用图形的方式来呈现，品牌处于图形的中心位置，与品牌相关的各种联想围绕在四周形成网络。在图形中，与品牌关系紧密的联想距离中心位置更近些，而关系较疏远的品牌联想则远离中心位置。

当大脑中接收到某个品牌的新信息时，消费者通常会根据现存的品牌认识结构图对新的信息进行评估。如果新信息与消费者的认识结构相契合，这样的信息通常会被采纳，品牌认识结构图或者品牌形象也可以得到进一步发展。如果新信息与现有的认识结构不相称，这样的信息很可能不会被考虑。

对品牌管理者来说，了解消费者的品牌认识结构图是至关重要的，因为从根本上说，这些结构图能够准确地暗示出消费者对于品牌的喜好。在本书第五章我们还将讲到，品牌结构图在多大程度上为品牌延伸奠定了基础，从而为企业的成长提供空间。还是以刚才提到的麦当劳为例，虽然与某些替代品相比，麦当劳食品可能更有营养，但是当消费者把健康与麦当劳联想到一起的时候就产生了麻烦，因此麦当劳如果想获得发展，则必须回应公众在食品健康方面的质疑，虽然这个问题很棘手，但是却必须面对。

强势品牌具有清晰的品牌形象

强势品牌已经建立了较好的消费者认知结构，并且消费者对于这些品牌的联想是独一无二的。例如谷歌、可口可乐、梅西百货、VISA、宜家等品牌都是具有很高辨识度的品牌，消费者与这些品牌的联系非常广泛。而对于不出名的品牌来说，消费者的品牌联想可能仅仅表现在产品的层面，而不是与特定的品牌相关联。以美国航空、电视周刊、舒洁纸巾为例，这三个品牌都没有建立清晰的品牌形象，所以消费者通常将它们与各

自提供的产品联系在一起。

不管使用什么样的宣传手段，要想保持品牌的强势地位，品牌形象在消费者能够接触到该品牌的任何节点都必须具有一致性。品牌的形象可以与使用功能或者性能相联系，也可以是抽象层面的。最后，强势品牌在展示品牌形象时往往是清晰的、简单的，不会出现自相矛盾、令人迷惑或者信息过多的情况。

第三节 购买阶段：选择适合的品牌和产品

当消费者最终决定选择哪个品牌时，他们通常会对商品的性价比进行衡量：自己付出的价格跟商品的质量匹配吗？这个价格值吗？对商品的性价比进行权衡是非常难的事情，即使对非常有经验的买家来说，也不容易。再者说，客户的喜好也是不确定的，并且常常会随着选择空间而变化。因为购买与消费往往都不是同时发生的，即使消费者能够准确地说出自己此时此刻的偏好，他们也无法预料自己未来的喜好如何。

当消费者没有时间和经验对商品的性价比进行详细的分析时，他们往往会转而依赖其他可获得的信息，或者选择一些捷径。在这种情况下，那些具有良好的品牌形象、能够给客户以信任的品牌，往往成为消费者的默认选择。消费者很有可能不去费时费力地检查衣服的做工、其他产品的工艺，而是直接认定奢侈品牌具有更好的质量，例如博柏利（Burberry）、路易威登（Louis Vuitton）等。特别是当消费者对备选商品的质量不是很了解或者选择面临风险时，他们最终常常会选择自己所熟知并信任的品牌。也正是因为这个原因，保险公司和银行每年都会花费大量的资金为自己的品牌做营销。此外，如果客户需要为自己的选择负责任，那么强势的品牌能帮助他们证实自己的选择。

消费者对品牌的情感反应

在面对一系列备选清单时，如果消费者在情感上非常倾向于某个品牌，即使他们不能对这些情感因素给予理性的分析判断，也很有可能会顺从于自己的情感反应。那些知名的品牌常常能带给消费者温暖、愉悦或是兴奋的感觉，还能给人带来安全感和社会认同感。我们知道，在做出选择时，情感联系常常是无法抗拒的因素。这也是为什么很多品牌在营销时，都试图激发起消费者在情感层面对于品牌的反应，无论是通过传统的媒介还是通过社交网络等媒介。

品牌是身份的象征，这种情况在中国这个世界上最大的新兴市场国家尤为突出。品牌彰显身份地位的情况可以追溯到20世纪六七十年代的"文化大革命"时期。当时中山装在中国非常流行，大家穿的衣服样式基本都一致，但是通过衣服的细节

处理可以看出一个人的社会地位。比如通过看衣服口袋的数量
（四个、两个或者没有口袋）可以很容易分辨出这个人的地位。
类似地，通过一款路易威登的手袋，也可以判断出所有者的社
会地位。现在中国已经变成了世界上第二大奢侈品市场，预计
到2020年将成为最大的奢侈品消费国。

信任发挥的关键作用

除了对某个品牌的情感偏好，消费者在选择某个品牌的商
品时，还需要对这个品牌具有信任。BAV咨询公司最近做的一
次调研活动表明，自从2008年的全球金融危机之后，品牌信任
度变得越来越重要。在21世纪初，研究者们所做的调查显示，
在所有的被调查品牌中，消费者所信任的品牌几乎能达到一
半。截至2009年，这一数字几乎被腰斩，从49%降到了25%。
银行、保险公司和其他一些提供金融服务的公司是品牌信任度
的重灾区，除此之外，各行各业的品牌信任度均有不同程度的
下降。2008年以前，在BAV品牌资产评估模型的48个指标中，
信任度是最重要的指标之一，同时也是差异化最小的一个指
标。而随着各行各业信任水平的下降，如今在BAV品牌资产评
估模型中，信任度则成了"黑马"，同时也是差异化最大的一
个指标。

从2009年开始，BAV品牌资产评估模型的研究数据也表

明，客户之间的互相推荐是提高品牌信任度的关键驱动因素。在建立品牌信任度方面，传统的来自于品牌自身的主动营销推广活动往往收效甚微，反而是社交媒体网络中朋友们的互相推荐效果更佳。在网络中推广品牌信息时，如果在信息后面加上脸谱网的标记，就意味着你的品牌愿意接受大家的评价，这无疑会传递出品牌透明度以及鼓励社会契约的信息，这样一来，脸谱网或者推特上的标记就成了象征信任度的徽章。

据推测，不诚实的品牌很难经受得住来自于社交媒体世界的审视。与品牌管理中的其他因素一样，品牌信任度需要持续获取。BAV数据库中的资料显示，如果苹果、脸谱网、谷歌等知名品牌不断滋长傲慢的情绪，那么最终会威胁到品牌信任度。对于公司来说，此刻不能将关注点放在某个特定的社交媒体上，而是应当将网络中的品牌推荐和社会影响作为衡量信任度的指标。用BAV公司的话说，公司应当"把社交作为一种商业模式"。

第四节　体验阶段：购物以及退货

强势的品牌是那些虽然经过岁月洗礼，消费者依然对其怀有忠诚度的品牌；而那些顶级的品牌，则是客户与其建立了密切的联系并成为其坚定的拥护者的品牌。苹果就是这样的顶级品牌。苹果的客户不仅表现出了狂热的、类似于宗教信徒般的忠诚度，他们同时也认为自己负有一种使命，那就是劝说熟悉的人也成为苹果的顾客。那些与品牌建立了稳固关系的消费者通常愿意加入到网络聊天室的品牌讨论中，或者加入到脸谱网或者推特网中的品牌推广活动中。在下一章的内容中，我们会讨论如何通过提供差异化的体验来帮助品牌建立与消费者之间的联系。在本章中，我们首先从消费者的角度来讨论。

消费者与品牌之间的关系

消费者与品牌之间的关系远远不止买卖交易那么简单。从顾客的角度来看，消费前、消费中和消费后是同等重要的。消费者与品牌的关系，就像人与人之间的关系，是通过一段时间的接触、一系列良好的体验而建立起来的。在这个过程中，单纯靠增加与客户联系的数量并不一定产生好的效果，更重要的是要与客户建立有意义的互动关系。

当消费者与品牌建立了全方位联系后，则能够形成品牌社群。**品牌社群是建立在使用某一品牌的消费者间的一整套社会关系基础上的、一种专门化的、非地理意义上的社区。**来自美国伊利诺伊大学的学者托马斯·奥奎因（Thomas O'Guinn）和阿尔伯特·穆尼兹（Albert Muñiz）率先提出了品牌社群的概念，他们通过研究发现了形成品牌社群的三个决定性因素：共同的意识、共同的仪式和习惯以及共同的道德责任感。提到品牌社群，就不能绕过哈雷戴维森这一品牌社群建设的典范。1983年，哈雷公司濒临倒闭，后来通过组建哈雷车友会，开展各种社群活动等，最终得以重振声威。

品牌社群能够建立的基础是客户对品牌的价值观有认同感。如果品牌具有超强的使命感，则往往会激起消费者的认同。以美国眼镜电商Warby Parker为例，他们每卖出一副眼镜就会无偿赠送一副眼镜，这种做法激发了消费者的认同。

游戏化是另一种与客户建立品牌联系的方法。对于某个品牌来说，如果在营销中融入了一些游戏的元素，就能够提供交流的话题，社交货币和品牌亲和力。例如通用磨坊（General Mills）旗下的绿巨人速冻蔬菜（Green Giant）就和FarmVille（社交游戏开发商Zynga开发的在线农场游戏）建立合作关系，利用这款农场游戏的高人气来推广自己的产品。绿巨人在产品包装上专门加了小贴纸，有了这个贴纸就能得到免费的农场币。塔巴斯科（Tabasco，墨西哥口味的辣酱，由胡椒、醋和盐制成）辣酱生产商在脸谱网上开发了一款游戏，叫作"超越塔巴斯科"，消费者通过上传在日常饮食中使用塔巴斯科酱的视频，便可以得到游戏币。

移动互联技术的广泛普及为广大消费者提供了多种与品牌进行互动的途径和机制。这种互动所带来的影响是深远的：消费者会表现出更强的品牌忠诚度，与品牌的联系更加密切，对品牌具有情感上的共鸣以及更深厚的品牌信任度。为了达到这个目的，当消费者在公共平台或者论坛上发表些意见和抱怨时，品牌应该对这些言论有所回应。

以西南航空为例，该公司雇用几位员工专门负责监测网络以及大众媒体中发布的与该公司品牌有关的信息，此外，还利用外部合作者来共同完成这方面的工作。虽然数据时刻在变化，但西南航空公司主页的最高月访问量达到1200万人次，推特和脸谱网上西南航空的粉丝量分别达到一百万和一百三十万个。

西南航空致力于向各种旅游博客网站提供有价值的信息，为旅客和公司的忠诚粉丝提供帮助，还会鼓励公司内部员工提供类似的信息。西南航空努力打造个性化的互动方式，尽可能与更多的客户保持联系，特别是当客户提出问题或者疑问时。所有这些活动，都能帮助西南航空与忠诚的消费者建立起牢固的私人情感纽带。

通过执行客户关系管理战略，在品牌与客户之间建立起连续稳定的沟通机制，有助于提高品牌的客户保有率、品牌忠诚度和市场份额。在恰当的时间、通过合适的渠道（需要较强的数据分析能力），向目标客户提供价位适当的产品，不仅能够提高投资回报率，也可以提升品牌价值。在本书第五章我们还将会讨论品牌价值的提升如何为公司成长提供平台。

消费者购买产品后的评价

研究表明，大多数消费者在购买产品后并不会抱怨。如果对消费者的抱怨及时做出反馈，即使是那些确实会抱怨的顾客，其中百分之九十五的人也会感到满意，并且未来还会再次购买这个品牌的产品。即使消费者对商家的反馈并不满意，但是只要商家没有对他们的抱怨置之不理，那么百分之三十的消费者还会再次购买这个品牌的产品。商家的反应速度也会影响顾客的满意度。如果能够迅速解决问题，尤其是一些小问题，那么未来则有望获得较高的顾客忠诚度。对于这个问题，座右铭是：即使不能在短时间内给顾客以满意的答复，也一定要尽快承认顾客提出的问题。

第五节　美国金宝汤公司品牌管理案例分析

金宝汤公司（Campbell Soup Company）是当今美国首屈一指的罐头汤生产商，销售额达到77亿美元，营运机构遍布世界各地，经营的产品以休闲食品、点心和健康饮料为主。该公司旗下最著名的产品是番茄浓汤罐头，公司因此而得名，著名的艺术家安迪·沃霍尔也由于将这款浓汤罐头化身为艺术品而名传后世。

即便有悠久的历史，如果不能做到与时俱进，再知名的品

牌也可能面临失宠的境遇。为了做到与时俱进，金宝汤公司意识到需要将品牌的意义灌输到消费者的生活中。为此，该公司对客户采购流程的四个阶段分别进行分析，并据此制定营销策略，并将品牌推广活动从卖场拓展到消费者家中，从而重塑了品牌资产。

金宝汤公司把采购流程中的生活阶段作为分析对象，通过分析他们发现家庭主妇们一般都是墨守成规的人，大多数人家的菜谱在十一至十五种菜式之间，并且在日常饮食中不断循环重复。为了让自己的产品得到新客户的青睐，金宝汤公司不断寻找新方法，并通过这些方法引导主妇们去尝试新的菜品，然后在此基础上引导她们尝试以金宝汤产品作为配料的特殊菜谱。

公司管理层认识到品牌信息需要不断注入到消费者的心智模式中，而这种心智模式会随着消费者所处位置的不同而有所变化。当消费者准备制作一款新的菜肴时，如果这种想法诞生在家里，她们通常会有一个远大的目标，比如做一些健康的食品。但如果这种想法是诞生在卖场里，消费者通常会更关注商品价格或者其他一些感官因素。此外，由于消费者可能随时随地萌生出尝试新食谱的想法，而产生这种想法的环境背景不一定局限于厨房或者商店，这就使得品牌策略的制订变得更为复杂。为此金宝汤公司采取了多种方式来应对这种复杂的情况。

比如，对位于卖场以外区域的消费者，该公司通过网络和邮件的方式主动与消费者进行联系，对于正好位于卖场中的消费者，该公司则通过移动电话与消费者进行联系。

要创造出消费者对于新菜谱的需求，特别是使用浓汤罐头作为配料的新菜品，只是这场战役的前奏，公司还要采取一系列措施以确保消费者会考虑自己的品牌。很多家庭主妇都听说过金宝汤品牌以及该公司旗下的浓缩罐头汤产品，并且每当有家庭成员生病时，主妇们常常把浓汤罐头当作病号饭来准备，因此金宝汤的产品看起来太过平常甚至有些过时，很难吸引她们的目光。主妇们对于金宝汤品牌的印象基本停留在常见的、适合流感季节使用的产品，而不会把它与新菜谱的配料联系起来。

另外，消费者认为金宝汤的产品是人造食品、加工食品，比较像飞机上供应的盒饭。显然，消费者的印象与金宝汤公司的品牌定位是截然不同的。为此，该公司对产品体验进行升级，着手实施更具雄心的广告计划，对品牌重新进行包装，并将产品的目标客户群体重新定位为年轻一族和崇尚健康的人士。

在本书的第六章将会介绍品牌的重新定位。无论是哪个品牌，再定位是否有效关键在于消费者是否能够注意到品牌在定位上的变化，并且相信这种变化。为了克服这个障碍，金宝汤做了大量的市场调研，他们综合运用了定量和定性分析的方法，目的就是想知道如何通过品牌包装和品牌印象提高产品的形象，从而给消费者留下积极的印象。

毫无疑问，金宝汤所采取的这些措施将更多消费者吸引到卖场中，这正是整个采购流程中的购买阶段，但同时又引发出了很多问题。例如，该公司的市场调研结果显示：消费者认为浓缩罐头汤类产品在购买时难度较大，在所有产品分类中居于第二位。金宝汤公司接受了这个挑战，他们运用生物计量学的方法对消费者反应进行分析，根据分析结果对货架、商品的陈列方式进行重新设计，从而让产品的分类更容易理解，随便看一眼便能区分不同的种类。改善陈列方式后，再次进行市场调研的结果显示，94%的消费者认为购买这类产品比以前容易了，并且有86%的消费者打出了最高分。

即使超市的购物通道不会让人觉得恐怖，通常也仅有一半的消费者会走到卖场中浓汤类产品的通道。那些确实会浏览浓汤类产品的消费者中，仅有一半左右会有采购行为发生，并且他们所购买的产品还不一定是金宝汤旗下的产品。当消费者从购物通道中匆匆走过，对大多数商品所带来的视觉冲击都视而不见时，如何能让自己的品牌脱颖而出，并不是一件容易的事情。即使消费者对这个通道的产品有所关注，他们的关注点与品牌的期望也不一定是吻合的。

另外一个难题是许多消费者本身就有些紧张或者沮丧的情

绪，这会对整个采购流程产生消极的影响。为了给消费者的采购流程带来更多的正面的、积极的影响，金宝汤公司通过人脸识别和眼球追踪技术来研究消费者浏览浓汤产品时所发生的情绪变化。研究结果表明，当消费者发现货架上的某些产品非常吸引人或者让人惊奇时，他们的情绪会变得积极。在综合分析了这些因素后，金宝汤公司对超市中产品的货架和陈列方式进行了全新的设计。

金宝汤公司所推行的新战略能在多大程度上带来消费量的增加，至今仍是个未知数。但从最初的几项测试来看，结果还是很乐观的。目前，更多的消费者开始寻找浓汤食材，这次品牌推广活动收获了积极的成效，商店里新的陈列方式也得到了消费者正面的反应。即使金宝汤公司目前还无法预知最终的结果，但他们已经充分认识到，要想建立长久稳定的客户关系，必须要熟悉消费者的整个采购决策流程。

对于品牌来说，终极目标是对客户满意度进行持续的管理。强势的、清晰的品牌形象能够影响消费者的预期，进而保证消费者做出正确的决策，并建立对品牌的长久信任。强势品牌的定位本身就能为消费者提供选择的理由。在消费者购买之后，对于使用中出现的问题，如果品牌能够迅速回应并给予解决，能够促进消费者日后再次购买该品牌的商品，这无疑能够在一

定程度上提高消费者最初购买决策的质量，未来能够帮助品牌与客户之间建立稳定的联系。反过来，如果客户对品牌具有较高的满意度，他们也会成为品牌的推荐人，他们会向亲朋好友推荐自己所满意的品牌，从而形成品牌社群，而这正是金宝汤公司在品牌建设中所追求的终极目标。

下一章，我们将会探讨在品牌管理中所遵循的基本原理，也就是制定出独一无二的、体验性的品牌定位。**定位是一个品牌的基因，也是区别于其他品牌的关键所在。那些著名的国际品牌均是能够给自己以正确的定位，并通过这种独特的定位做到区别于竞争对手、服务于核心客户群的。**

GLOBAL BRAND POWER

第二章

CHAPTER 2

体验性品牌定位

▶ **本章涵盖以下内容：**

· 强势国际品牌具有独一无二的市场定位

· 品牌定位需要做出选择

· 品牌定位需要结合自身的优势做出选择

· 21世纪的品牌定位是体验性的

· 对雅诗兰黛旗下的悦木之源品牌的深入剖析

在20世纪80年代末期，雅诗兰黛公司决定创建一个新品牌，并以此推动整个化妆品行业的变革。当时，高端化妆品在世界各地的商场中所设立的专柜都是耀眼夺目、令人神往的。柜台的材质基本都是金属和玻璃的，有的还镶嵌着金边，以彩妆和香水产品为代表的著名奢侈品牌香奈儿和伊夫圣罗兰（Yves St. Laurent）是这种柜台风格的典范。

雅诗兰黛新推出的悦木之源品牌将打造完全不同的风格。与那些奢华耀眼的化妆品柜台不同，悦木之源品牌在百货商店采用店中店的销售模式，其专柜的设计上选用了天然木料的材质，秉承了环保的理念。此外，雅诗兰黛公司还设立了零售店，专门销售悦木之源系列产品。

悦木之源的产品也是独一无二的。该系列的护肤品、彩妆和香薰产品均源于天然植物。在所有的品牌中，悦木之源是第一个深入贯彻环保理念的品牌。悦木之源深信人类与大自然的融洽之道，秉承爱地球的理念，在产品的生产和包装上，都尽可能使用可再生资源或可再生材料，以实际行动爱护地球、保护自然。该品牌所富有的禅意与品牌所创立的时代非常契合，因此一经推出便取得了较好的销售业绩。

然而在20世纪90年代，悦木之源在市场中的定位出现了较大的下滑。该品牌最初是在高端百货商店里销售，但随着Body Shop 和 Bath & Body Works等零售店的快速增加，消费者对于悦木之源的印象也由原来的高端品牌变成了零售店品牌。"绿色健康"的产品在当时得以迅速发展，广大消费者也愿意跳出传统化妆品的圈子。

美国著名的脱口秀节目主持人奥普拉·温弗瑞，在21世纪初，也就是她的事业顶峰时期，曾经向观众坦承，自己非常喜欢在沐浴时去思考一些东西，她常会使用非常美妙的沐浴用品，并且特意提到悦木之源品牌下的姜味暖暖系列产品。由于脱口秀女王在鼎盛时期的强大号召力和影响力，姜味暖暖系列产品的销售业绩直线飙升，即便在十年之后，姜味暖暖系列仍然是悦木之源销量最大的产品系列之一。

但是对于姜味和沐浴产品的刻意关注使消费者认为，悦木之源品牌总体上来说是个芳疗品牌，这种印象对该品牌的整个产品线来说是不公正的。在当时，这种印象也导致悦木之源越来越难以与其他的著名芳疗品牌进行区分。

第一节　强势国际品牌具有独一无二的市场定位

人们在提到品牌时，通常会认为品牌是一种专利，这也就意味着品牌在某些方面是独一无二的，是禁止抄袭的。的确，创造出独一无二的品牌定位是塑造强势国际品牌的最重要的工作。那些最强势的品牌，都有非常清晰的品牌定位策略，突出自身品牌及产品的主要竞争优势。对于这些巨人来说，根本不存在渐进式的定位。通过实施破坏性的定位，可以清晰地将自己的品牌与竞争对手区分开来，而区别于竞争对手正是悦木之源品牌的当务之急。

想要制定出具有可持续性的市场定位策略，首先得解决三个战略性的问题，因为只有三个方面协同工作才能帮助品牌取得成功。首先需要解决的问题是对品牌的竞争对手进行恰当的识别，换句话说，就是找到与自己品牌进行比较的参照系统；其次需要解决的问题是找到品牌区别于竞争对手的具有可持续性的竞争优势；最后需要解决的问题是确定适当的目标客户群体。对于悦木之源来说，雅诗兰黛公司最初推出这个品牌的决策是正确的，但是失败之处在于没能对新品牌的长远利益进行保护。

对品牌的竞争对手进行恰当的识别

除非是产品在市场上具有垄断地位，否则任何品牌都有竞争对手。消费者会将品牌放在竞争对手群组中来比较评价，这组竞争对手具有共同的特征，都能满足消费者的最低要求。举例来说，如果消费者所比较的一组竞争对手，其中之一是杂货店，另外一个是零售店，对于零售店来说，就必须有生产部门，从而能够和杂货店有所区分。如果贴上了"有机食品"的标签，那么就必须满足食品管理机构已经出台的以及不断修订的各种标准。如果将自身定位为"低价服务提供者"的品牌，当低价服务收到的只是大众的鄙视，则品牌对其自身的定位也是不恰当的。在某些情况下，是否能够成为某类商品中的一员，是由具体的规则来决定的。比如，只有原产于法国某一特定区域的起泡酒才能称为香槟。

选择适当的比较对象至关重要，因为在这个比较群组里面，自己的品牌能够显示出其突出的优势。对于悦木之源品牌来说，雅诗兰黛公司认为高档百货商店的化妆品专柜是其竞争对手，消费者也认同了这一点。但是由于奥普拉的一席话以及品牌的形象、包括品牌所设立的零售店，悦木之源的竞争对手的识别被扰乱了。它是属于高端百货商店的品牌，还是针对小众市场推出的特殊的零售品牌？或者是两种功能兼而有之？

品牌需要具有可持续性的竞争优势

对于强势品牌来说，要想在与竞争对手的较量中立于不败之地，还必须具有自己特殊的竞争优势，这种优势是竞争对手们无法复制的。要想找出这个特殊的优势并不容易，但是通过回答以下三方面的问题，可以获得解决的途径：

1. 与竞争对手相比，你的品牌在哪些方面是有优势的？要想站在战略的高度回答这个问题，需要先回答下面的两个问题。

2. 你的品牌所具有的竞争优势对于目标市场是否重要？

3. 你将自己的品牌与哪些对手进行比较？

你的产品可能具有多种潜在的优势，但是具体到哪一种优势能够在品牌定位的分析报告中发挥重要作用，需要综合考虑以上三个问题。事实上，通过对以上三个因素的相互作用进行分析，就能够解释悦木之源为什么会失去其独特的市场定位。最开始的时候，悦木之源是在高端百货商场里面销售的，所以品牌的定位是与香奈儿和伊夫圣罗兰（Yves St. Laurent）等奢侈品牌比肩的。与那些高端品牌相比，悦木之源的优势是天然和具有禅意。但是随着时间的推移，由于参照系逐渐发生了变化，消费者也开始不再将悦木之源视为高端品牌，而是将其视为一种非常环保的芳疗产品。在新的参照系里面，悦木之源的优势则开始变得模糊起来。

找到适当的竞争对手对于品牌定位非常关键。通过广告以及品牌布局基本可以识别出竞争对手。举例来说，在商场里销售的商品就跟商场中的其他商品进行比较；在药店里销售的品牌就跟药店里其他的品牌进行比较。通过广告也可以创造出比较对象。例如，对七喜进行宣传时打出的广告语是"不是可乐"，这无疑是引导消费者去拿七喜和可乐进行比较，同时也是把口味作为了七喜和可乐的差异点。如果将七喜与其他的柠檬味饮料进行比较，则是把碳酸饮料和包装作为了关键的差异点。

接下来，我们以目前已经在市场上绝迹的佳洁士口香糖为例，来分析三个因素是如何相互作用的。如果和别的口香糖品牌比较，佳洁士口香糖的差异化优势在于抗蛀牙功效。另一方面，如果拿这款口香糖和牙膏进行比较，那么它的差异化优势在于可以通过咀嚼口香糖的形式实现牙膏的功能。品牌与竞争对手的差异不仅取决于参照系统，还取决于基于该参照系统所产生的战略优势。产品的潜能以及各种不同的参照系统均是市场中的杠杆，营销策略制定者们可以充分利用这些杠杆，从而找到最佳的策略组合。但是我们需要牢记，即使品牌具有了差异化的竞争优势，如果没有定位于合适的市场，没有消费者认同这些优势，那么这些优势也很难获得成功。佳洁士口香糖的案例则表明，虽然具有了差异化的竞争优势，但是消费者并不买账。

定位于适当的目标市场

对于某个品牌来说，最差的情况是把自己的品牌定位于实际中并不存在的目标市场。品牌的竞争优势必须要迎合于消费者真实的需要。比上述情况稍好一点的情形是，当处于竞争性的市场环境中，某个品牌的定位是市场中所有的人。从定位上来看，这样的品牌就是平庸的，任何方面都不突出，但也都说得过去。如果一个品牌的定位如此盲目，那么对于市场中的竞争者来说，只要稍微做出一些调整，便能够迎合特定的客户并能较好地满足客户的需求。如果定位于某个特定的目标市场，也可以使品牌获得能够被市场所识别的身份。

即使每个人都已经非常喜欢你的品牌，强势品牌还是继续保持自己所定位的目标客户群体。让我们来回顾一下苹果公司的做法。即使我们的社交圈子中，每个人都拥有一到两件苹果产品，但是苹果的定位却不是所有人，而是将目标市场定位于具有开拓创新思想的消费者。其他的一些强势品牌也无一例外地拥有自己独特的目标市场。即使每个人都可以享用这些品牌的产品，但是它们的定位是清晰的。例如迪士尼的市场定位是儿童；香奈儿的市场定位是富有、纤细的时尚达人；万宝路的市场定位则是美国西部牛仔。

由于悦木之源是定位于高端市场的天然护肤品，该品牌最初所定位的目标客户是这样的一个群体：对于高档护肤品的重要性有所了解并且是具有一定影响力的人群。在之后的岁月中，由于市场环境的变化，仿制品的出现，奥普拉的支持所取得的巨大成功，都不断侵蚀该品牌最初的定位。为了重新回到高端品牌的行列，悦木之源决定从源头来实施改变。

首先，脱离与芳疗产品的联系，将重心重新放回到护肤产品中。虽然旗下的产品仍然包括化妆品以及沐浴和美体产品，但是重头戏已经是护肤系列产品。此外，悦木之源还对品牌进行重新定位，将其重新定位于高端护肤品牌，再次强调了该品牌天然环保的特点，发出了"天然为本，科学为证"的品牌宣言。正如该品牌在网站上的宣传，由两棵绿色大树设计而成的标志具有双重含义，它代表了对过去的尊重以及对未来的憧憬，代表了对内在健康的需要以及外在美的追求，代表了对中西方文化的尊重。与在百货商场中销售的其他高端品牌相比（这些品牌是悦木之源最理想的比较对象），这是悦木之源最独特的优势。例如，雅诗兰黛旗下的专业彩妆品牌魅可（MAC），优势是色彩生动；巴黎欧莱雅，是药店品牌，定价是按照百货商场的水平来进行的，宣传的重点是奢华之美（创意广告词"巴黎欧莱雅，你值得拥有"）；而香奈儿对品牌的定义则是完美。

还有一点也非常重要，当前悦木之源将其在美国的目标市场牢牢地定位于35-45岁之间的女性群体，这个群体的女性对于健康更为重视，对用到脸上的护肤产品也更为关注（在亚洲市场，定位是25-30岁之间的女性）。这个群体的女性具有较高的知识水平，更懂得护肤产品的重要性，能够根据产品效果和成分做出最优的选择。与苹果及其他品牌一样，通过准确地定位目标客户群体，不但没有对消费群体产生限制，反而能建立品牌信任，从而引导更多的人来消费。

第二节　品牌定位需要做出选择

从悦木之源对品牌进行重新定位的案例出发，我们了解到，当选择了品牌定位策略后，就需要决定这个品牌是什么，还需要决定品牌不是什么。例如，可口可乐是真正的"地道货"，它与传统、家庭、圣诞节密切联系在一起（红色的圣诞老人形象并非偶然出现的，圣诞老人变成红色是受可口可乐的影响）。反过来，可口可乐则不是为新一代打造的饮料，它既不新鲜也不时髦，这就为其他品牌的定位留下了空间。百事可乐的市场定位则正好弥补了这个空间，因为该品牌的广告宣传语就是"新一代的选择"。

对于品牌的最终定位应该能够反映公司总体的战略眼光，也就意味着需要把眼光放到产品的利润之外，应该看得更高。考虑到塑造强势品牌的国际知名度所需要花费的成本因素，一个强势的品牌不仅要立足当今，而且要引领未来，更要能够帮助公司与之共同成长。环境因素、竞争因素等都可以帮我们形成对品牌的定位，但是一旦做出了选择，则这种定位就应当具有一贯性，并且能为产品的发展提供蓝图。

对于以产品为核心的公司来说，由于其发展战略往往是集中在研发部门，本书中所介绍的品牌定位的理念是具有颠覆性的。在这种理念下，对新产品的研发应该优先考虑其与品牌的定位是否契合，而不是像以往那样依赖技术上的优势去开发新产品。对从事高新技术产业的公司来说，这是非常困难的事情，因为它们以提供最新的产品而为消费者所熟悉。以录像机为例，电视录像设备曾经为消费者所熟悉，但是这种录像设备的操作太复杂，很难熟练掌握。后来，随着操作简便的数字视频录像机的广泛推广，基于电视录像技术的设备则逐渐被淘汰。

品牌的发展需要由其战略定位所指引，而不能仅仅基于对新产品的研发。这从另一个侧面暗示出，某些产品由于并不适合该品牌的定位策略，因此这些产品是不应该被生产的。世界上的第一部平板电脑出于微软之手，但是这款产品没有取得市场成功。苹果公司的平板电脑一经推出，却取得了巨大成功，它的成功在很大程度上是因为Ipad将乔布斯的审美与对消费者需求的理解完美地结合在一起，而消费者自身甚至还不知道自己想要的是什么！多年以后，微软试图再次推出平板产品，但是此时的市场更为成熟，并且已经完全被苹果所占领。在当前的市场条件下，微软将其定位放在产品性能上或许更合适。

第三节 品牌定位需要结合自身优势做出选择

在对品牌定位进行设计时，选择与目标市场相关的优势非常重要。在此基础上，还需要将这种优势持续不断地传递下去。当然，对任何一个品牌来说，在进行品牌定位时，都希望选择其他竞争者难以复制的那些优势。如果品牌的定位是国际化的，则必须能够通过市场营销组合将优势传递到消费者，市场营销组合通常包括产品特性、广告和促销、销售渠道以及定价策略等。营销手段的运用需要结合当地的市场情况。

品牌定位一旦选定，则应该能用简单的几句话概括其核心价值。由三四个词组成的短语代表了品牌的灵魂和价值，叫作品牌灵魂，也可以称为品牌实质。品牌灵魂首先描绘的是其提供的产品或服务的最终价值。其次需要具有能够进一步区分其功能的描述性语言或符号。最后，品牌灵魂所包含的情感因素能够帮助其实现这种价值。玫琳凯的品牌灵魂可以概括为"丰富女性人生"，麦当劳的品牌灵魂则可以视为"家庭欢乐餐"。

第四节 21世纪的品牌定位是体验性的

前面所讨论的内容，对于建立品牌的定位是必不可少的。但是我们同时也应注意到，在当前所处的21世纪，拥有品牌的并不是营销者自身，相反地，品牌最终是通过消费者的眼睛来定义的。在消费某个品牌时，我们站在使用人的角度来考虑这个品牌，并且形成与品牌的私人联系。类似地，随着时间的推移，品牌也能形成自身的个性。因此，即使营销者们总是努力使自己的品牌具有差异性，他们同时也需要就自身产品与客户的体验性关系进行管理。

品牌个性

斯坦福大学的市场营销学教授珍妮弗·阿克尔通过研究发现，品牌的个性能够通过一些基本的文化特点来展现。例如，在美国，品牌的个性特点是纯真（可口可乐、天美时、贺曼）、刺激（维珍、苹果、音乐电视网）、称职（通用、IBM、CNN）、教养（梅赛德斯－奔驰、蒂芙尼、香奈儿）、强壮（万宝路、李维斯、耐克）。在日本，品牌个性中的强壮将会被平和所取代。在西班牙，除了强壮将被平和的个性特点所取替，热情也将取代称职的个性。在中国，喜悦将取代强壮，传统将取代纯真，此外，还会萌生时髦这个新个性。

品牌个性，就像人的个性一样，通过其个性树立起自身的品牌形象、建立预期，消费者通过与预期的对比来衡量品牌的表现。就好比你有个朋友，非常爱迟到，但是有一次约会，她提前到了，这会让你感到很高兴。品牌的表现也正是通过其已经建立的预期而为消费者所检验。J. Crew每次都要充当潮流的

图2.1　珍妮弗·阿克尔所归纳的品牌个性维度

数据来源：珍妮弗·阿克尔，"品牌个性维度"《营销研究杂志》，1997年8月

引领者，否则，销售额就会下降。蒂芙尼则要始终做到优雅、精细，否则客户就会失望。如果可口可乐试图在广告中加入过多的幽默元素，则会引起消费者的反抗（我们可以回想一下可口可乐推出的坐轮椅的老奶奶那则广告。在广告中，那个老奶奶因为买不到可乐而抢起手杖去打周边的人群，这则广告在当时就引起了消费者的抗议）。作为新创立的企业，可能偶尔出现一些小过错或者缺货的情况，但是梅西百货则绝对不能。

当消费者将这些常用的人类语言跟品牌联系在一起，则说明他们与这些品牌建立了情感上的联系。这就意味着，营销者

们需要监测消费者对品牌的整个体验过程，从购买决策的做出到产品被使用、被消费，甚至是被废弃的整个流程。消费者对于品牌的体验离不开社会文化背景，对于品牌的评价，也是在理性的基础上，融合了情感的因素。

其他多种因素的相互作用也会对品牌体验产生进一步的影响，比如售货员和对品牌进行推广和促销的零售商，网络社群所发起的对于品牌的各种讨论，以及朋友和邻居的互相影响等等。在品牌体验的管理上，最好的例子是星巴克咖啡。从随处可见的店面，到微笑服务的店员，星巴克创造了世界级的品牌体验，它的产品也因此而与众不同。星巴克在社交网络媒体中的表现也是超过平均水平的。例如，星巴克在推特上的追随者已经超过了八十万，在脸谱网上的粉丝则超过了五百万。星巴克对网上听众给予的关注、与推特用户的各种互动、对用户评论的转发等方面的表现都是优于平均水平的。星巴克为消费者提供的品牌体验包括以下方面：往脸谱网上传视频、博客文章和照片等资料；邀请消费者来参加并主持各种讨论；在YouTube上设立专门的频道；设立"my starbucks idea"网站，专门用来收集消费者对星巴克品牌及其产品的看法和建议，消费者对各种新想法的意见以及投票结果也都是公开的；星巴克还会鼓励员工书写关于品牌的博客文章。

所有的品牌都能为消费者提供某种体验，但并非所有的体验都让人感到愉悦。如果品牌能够对其用户体验进行持续管理、不断创新，能与消费者形成有意义的互动，则能够最大限度地为其整体的品牌定位增值。

多感知性、情感和社会定位

对于营销者来说，实施体验型的品牌定位策略需要考虑消费者的情感反应、行为反应和社会反应等多种因素。为什么需要考虑这些因素呢？因为品牌体验与消费者是相互影响的，是与消费者共同创造的。最终，品牌的定位不仅仅取决于营销者提供的信息、广告，或者网络推广策略，也取决于消费者在日常生活中对于该品牌的体验。

因此，对于任何品牌来说，不仅需要传递品牌价值，同时也需要将品牌弱点最小化。营销者们需要关注消费者的体验，对于任何负面的看法都要特别注意，即使有些不好的体验是因为消费者对产品使用不当而造成的。体验性品牌定位将消费者带上了一段旅程，在这个旅途中，需要对每一个阶段进行管理。多种体验、多种记忆形成了消费者与品牌的联系。

现如今，大牌们也是企业公民，它们需要传递的不仅仅是关于产品的体验，还需要对文化以及社会责任进行传承。以耐克和沃尔玛为例，如果这些品牌存在违法用工行为或者其他不正当的交易行为，品牌的价值则会受到损害，因为当下的消费

者希望品牌能够让世界变得更美好。

因此，在21世纪，要想成为强势品牌，就不能仅仅关注所销售的产品或者提供的服务为消费者带来的使用价值，还应该将视角放到产品的使用价值之外，对品牌的管理需要延伸到消费者与品牌能够有所接触的任何一点。对品牌的管理应该结合消费场合、文化环境和社会群体来综合考虑。品牌的定位需要能够与消费者产生共鸣，引起消费者的兴趣，与消费者的生活方式相关，处于全球性竞争的市场环境里，想做到上述几点，是一个非常大的挑战。

要想实施体验性的品牌定位策略，则要对消费者与品牌之间存在的多感知性、情感联系和社会责任关系进行持续管理。通过实施整体性的品牌体验策略，可以塑造坚实的品牌，并建立起强有力的、具有可持续性的竞争优势。

第五节　对雅诗兰黛旗下的悦木之源品牌的深入剖析

通过前面的讲述，我们已经知道悦木之源在经历了奥普拉效应所带来的成功之后，是如何通过重新定位而再次获得了独特的市场位置。用雅诗兰黛自己的话来描述，则是如何重新回归战场。但是悦木之源是如何实现其体验性的品牌定位的呢？从本质上来说，悦木之源对客户关系的管理是持续性的，是贯穿于整个采购流程的各个阶段。

当下，消费者对于悦木之源的品牌体验大多数是源于在零售店里发现自己需要的产品。悦木之源明白，消费者希望与产品有所互动，因此，它在产品陈列上进行了一些变革。首先把各种产品直接摆放在墙上，而不是像以往那样，都摆放在柜台后面，通过这个变化，消费者可以直接触摸到各种产品。其次，对产品的陈列也不再按照种类摆放，而是根据不同的肌肤问题分类放置。经过这些变化，乳液类产品不再统一放到一个地方，产品的陈列墙则按照不同的肌肤问题被分成了几个部分，例如客户普遍反映的老化问题、缺水问题以及敏感性肌肤等问题。

在不同的国家，货架的摆放方式也是不同的：美国人喜欢畅销产品，亚洲人偏爱滋养产品。为了更加直观地向消费者展示产品所含有的天然植物成分，悦木之源在货架上同时展示了各种天然植物成分的原型，例如香草、咖啡豆等，与各种人造的容器形成了鲜明的对比。为了刻画品牌的个性，悦木之源对旗下产品的命名也都力求轻松优雅，比如完美系列，一举两得洁面慕丝，胶原激增抗皱系列。消费者在店里所看到的每一个图像，每一个画面，都在传递着人与自然和谐相处的理念，传递着阴阳平衡的理念。

销售顾问，顾名思义，公司的培训不是教她们如何卖产品，而是如何更好地与消费者进行沟通，了解消费者的问题。悦木

之源会向消费者免费赠送洁面乳试用装，使客户能够亲身体验适合自己的产品，这也是消费者对品牌进行体验的核心部分。销售顾问与消费者之间的互动，不仅帮助消费者建立了与品牌的联系，而且还能指导消费者正确使用悦木之源的产品，建立起合理的预期。

虚拟社区能够对现实中的客户关系起到强化的作用。在社交媒体上公布主页时，悦木之源在脸谱网上的粉丝差不多有五十万，推特上的追随者差不多有两万个。这些虚拟社区会庆祝新产品的发布，公布演唱会以及其他重大事件的消息，为消费者提供交流产品使用经验的平台。消费者也可以在这些社交媒体网络中提出自己的需求，例如要求恢复已经停产的产品线，就美容或者护肤方面的问题请求帮助，还可以发现自己的哪些朋友正在使用该品牌的产品。

当然，品牌需要对这些虚拟社区进行监测。消费者可以对某个产品大加赞扬，同样地，她们也可以轻松地表达出自己的不满。例如，最近，有消费者在悦木之源的网站上表达了其沮丧的情绪，原因是某个产品的促销活动不包括这位消费者所在的区域。还有的消费者对其化妆品的天然植物成分提出质疑。对于悦木之源来说，这些负面的评论被发布在网络上，显然是个坏消息，但好消息是，该品牌能够对这些负面评论给予及时回应，帮助广大消费者纠正错误的观念或消除误解。更让人欣慰的是，有些消费者会直接站出来驳斥那些负面的指责，对悦木之源品牌及其策略提供强有力的支持。

最核心的是，悦木之源承诺在满足消费者需求的同时，保护我们所赖以生存的环境。悦木之源所有产品的生产，都尽力采用风能或者其他可再生资源。由于很多城市都不回收化妆品的包装，悦木之源鼓励消费者将使用完毕的化妆品软管包装、瓶子和其他容器带回到最近的零售店进行回收，任何品牌的包装物都可以回收。在4月份全球地球月，悦木之源举办了"绿色公益演唱会"以及"悦木之源生态林植树项目"。通过这些活动，为品牌提供了与消费者持续沟通的机会。

毋庸置疑，所有的这些活动代表品牌投入了巨大的时间、智力资源。品牌管理是如此困难、如此重要，这就导致很多关于品牌的科学似乎都不可避免地、直观地被认定为品牌管理的基础。尽管如此，品牌管理也是可以被保护和管理的，也可以通过市场研究、定性的和定量的测量而得到验证，这些研究理论和测量方法，将会在后面的章节中逐一介绍。

GLOBAL
BRAND POWER

第三章

CHAPTER 3

品牌价值的定性测量方法

▶ **本章涵盖以下内容：**

· 萨尔特曼隐喻诱引技术

· 阶梯分析法

· 内隐联系测试

· 人种论

· 凌乱的数据，宝贵的认识

一个品牌真正要呈现的东西，应该顺应消费者意识。品牌管理者出于好意，可以实施他们认为是恰当的、符合战略目标的行动，但如果不能被消费者所认可和接受，这些举措则可能对品牌产生适得其反的效果，甚至会对品牌造成严重的损害。以奈飞公司（Netflix）为例，该公司付出了巨大的代价才明白了这一点。由于预见到了产业在未来的变化，奈飞公司提高了在线视频播放的价格，并计划将DVD租赁业务分拆出来单独成立快斯特（Qwikster）网站，虽然这些举措显示出Netflix公司高超的商业头脑，但是这些做法违背了消费者对于该公司一贯承诺的理解。消费者一直把奈飞公司视为能够便捷地提供电影资源的服务商。无论是DVD租赁还是在线视频服务，奈飞公司都不是唯一的，同时这也不是消费者需要同时管理两个账号的问题。由于错误地评估了消费者对于公司变动产生的反应，CEO里德·黑斯廷斯（Reed Hastings）的决定给奈飞公司的股

价造成了灾难性的打击。

正是由于上述原因，定性分析对于品牌变得非常重要。通过定性分析，可以获取消费者对品牌的真实想法，而不再将品牌管理者的意识强加在消费者头上。但是，为了得出正确的结论，往往需要付出巨大的努力。

奈飞公司的分拆决定是非常仓促的。如果就分拆决定向消费者征求意见，很可能会遭到消费者的公开反对，但这都已经是事后诸葛亮了。传统的市场调研活动也许并不能识别出这种极端反应。为什么会出现这种结果呢？因为在市场调研中，消费者往往具有更强的适应性，这或许让人感到有些惊讶。当消费者被调研人询问时，他们所给出的反馈是自己应该怎么说，而不是最真实的想法。特别是调研活动经常发生时，很多问题从管理者的角度已经被固化了。由于消费者不会花很多时间理性地对品牌做出分析，因而对于调研问题的措辞，则在一定程度上代表了品牌管理者对于消费者应该如何看待品牌的预先设想。真正好的市场调研是通过创造性的方式，引导消费者的思路，从而获得最真实的想法、感受和反应，而不是仅仅通过提问回答的方式获得消费者反馈。

目前存在的几种方法论，均可以揭示这些深层含义，每一种方法论都基于不同的理论框架以及一系列假设。其中的方法论之一是应用心理引导技术来探究埋藏于消费者心底的情感和想法，这种方法论类似于心理分析。在这种方法论下，最知名的研究方法是萨尔特曼隐喻诱引技术（ZMET），由哈佛商学院的杰拉德·萨尔特曼（Gerald Zaltman）教授于20世纪90年代提出。ZMET技术的前提假设是人们会利用视觉隐喻来表达对某个品牌所持有的，但未明确表达的看法。此时，研究者的工作就是对这些隐喻进行解读。

另外一种类似的方法论称为阶梯分析法。在这种方法下，最基本的问题是为什么。调研者首先向消费者询问为什么要选择特定的品牌，接下来会询问为什么觉得这个理由是行得通的，诸如此类的问题。这些问题一个比一个更深入，最终形成阶梯，帮助调研者了解消费者深层次的动机和人生价值。

内隐联系测试，顾名思义，测量的是消费者与品牌之间的隐性联系或者对品牌的隐性态度。当消费者被询问时，如果能够明确表达自己的想法，则认为他们持有清晰的态度，而当消费者无法有意识地控制、表达自己的想法时，则认为他们持有隐性态度。隐性态度构成了消费者对于品牌的本能反应，因此越是难以获知的隐性态度，越是能帮助营销者去预测消费者的行为。

最后一种方法是人种论，这种方法能够帮助品牌管理者了解社会文化对于消费者行为的影响。在应用人种志研究方法时，首先需要确保所有数据的收集是在自然状态下进行，并且数据主要基于观察获取。设定这个假设条件是因为研究者相信真实的行为只能通过观察消费者在其所处的社会文化环境中的表现而获取，那些传统的市场研究手段所应用的检查或者实验的方式，都是发生在自然的状况之外，因此最终获取的结果往往也具有一定的人造成分。

第一节　萨尔特曼隐喻诱引技术（ZMET）

萨尔特曼隐喻诱引技术是用来探究消费者心灵深处的秘密的。这种方法的前提是假设当消费者联想到某个品牌时，他们的想法是以图像和隐喻的方式呈现的，而不是以文字的形式来呈现。人与人之间的很多交流都是非语言的。比如在某次谈话中，如果其中的一个人谈到关于某品牌的一些信息，但是通过身体语言又暗示了其他一些信息，大多数情况下，对方会相信身体语言所传递的信息。ZMET认为消费者对于品牌的认知也会出现类似的情况。当人们谈到某个品牌时，口头上说的是一种情况，但是大脑里联想到的却是不同的、非语言的图像，并且最终的结果是图像对于消费者的认知起到了核心作用。

ZMET技术的作用是识别和引出消费者讲述某个品牌的故事时所使用的隐喻。这种方法的前提假设是隐喻存在三个层面。隐喻的第一个层面是表层隐喻，这个层面的隐喻贯穿于日常生活用语中。ZMET把这种表层的联系称为"冰山一角"。百威啤酒的广告是一个使用表层隐喻的例子。百威啤酒有个非常有名的广告，在广告中，每个人都拿起电话问："怎么了？"这则广告的表层隐喻是这些人通过电话而联系在一起。

隐喻的第二个层面是介于表层之下、无意识层面之上的中间层面。在百威的这则广告中，第二个层面的隐喻是这些人因为一起享用了百威啤酒而被联系在一起。

第三个层面则是深度隐喻。这个层面恰恰是ZMET技术的核心所在。虽然我们在本书开篇介绍中提到过，真正的国际品牌是具有普遍意义的，是能够超越文化和地域差异的。但是许多国际营销大师都会谈到不同文化之间的差异，ZMET技术对于品牌的理解也是类似的。该技术的关键假设是不同的文化和地域之间，人们很少持有共同的价值观或者隐喻，而这些恰恰是真正有影响力的因素。（ZMET与文学典型和荣格的"集体无意识"理论在智力根源上有很多共同点。）

在上面所提到的百威啤酒广告中，深度隐喻是具有普遍性的，即联系的概念是具有普遍性的。联系是指人们对于归属于某个群体的深层次需求，对于这种归属感的深层体会。所以百威的广告中，表层隐喻是通过打电话和询问"怎么了"的方式展现出来的联系；在表层隐喻之下的第二个层面的隐喻则是通过社会交往、一起享用啤酒所展现出的联系；深度隐喻则是人们头脑中根深蒂固的对于归属感的需求和感受。

百威啤酒在广告中不断使用关于联系的隐喻，无论广告的主题是青蛙、毛驴、人物，还是百威赫赫有名的克拉斯代马。随着时间的推移，当这种联系持续不断地被建立起来后，在消费者的头脑中则会形成神经网络。一旦消费者的头脑中形成了对百威啤酒的神经网络，那么其他品牌如果也想使用联系这个隐喻进行宣传则是非常困难的。

具有普遍性的深层隐喻

ZMET技术发现了最普遍、最具影响力的七个隐喻，包括：平衡、转变、旅途、容器、资源、控制力以及前面已经讨论过的联系。利用ZMET技术，可以从消费者那里收集到他们对于特定品牌的表层隐喻，然后那些经验丰富的访谈者会将这些表层隐喻与一个或者更多的深层次隐喻联系在一起。一旦识别了某个具有普遍性的隐喻，那么这个隐喻则变成了传递品牌信息的渠道。

例如某高端伏特加品牌和平衡这一深度隐喻联系在一起，这里的平衡包括思想的平衡，道德的平衡，社会的平衡以及审美的平衡。一旦识别了平衡这个隐喻，那么该品牌的广告以及品牌象征等等都将围绕平衡的思路而展开。它诠释了这样一种平衡，一端是各种新鲜的成分所代表的天然物质，另一端是将这些成分转化为酒精的蒸馏过程。用正确的方法把正确的成分制成酒制品，正是这个品牌的宣传口号所要着重表达的内容。广告中展示了三只酒杯，它们层层相叠地构成金字塔的形状。"平衡"之意，不言而喻。

米其林轮胎发现的深度隐喻是容器。容器能装东西，也能把东西隔离在外；容器既能保护我们也能把我们困在其中；容器既能发挥积极的作用也能产生负面影响。记忆是个容器，因为记忆盛载了个人的故事。每个人自身都是容器，这个容器盛载了血液、骨骼等等。文化是个容器，它盛载了特定的标准和规范。对于米其林来说，轮胎被视为表层隐喻，它也是个容器，并且代表了安全性的含义。我们以米其林轮胎的广告为例来说明这个表层隐喻。有则广告拍的是一个小孩坐在轮胎里面，周围还放了许多毛绒玩具。在这则广告里，轮胎隐喻的是诺亚方舟。那句著名的广告词"米其林，承载更多"暗指了安全性这一深度隐喻。在米其林的广告中，虽然没有使用"安全性"这个词，但是关于安全性的含义却被强有力地传达了出去。

ZMET访谈

如果公司聘用ZMET技术专家来帮助自己的品牌寻找深层隐喻，那么至少需要招募二十个熟悉该品牌的消费者来协助完成此项工作。在访谈中，每个消费者需要收集至少十二个代表他们对于该品牌的想法的图像。他们可以通过网络、抓拍或者搜索相关杂志来收集这些图像。但是在开始收集之前，访谈专家提醒参与者在做这些工作时不需要太深入的思考，只要收集那些能够代表自己想法的图像即可。每一个参与者大概花了五个小时来收集这些图像。

接下来由ZMET专家对参与者进行访谈。对每个受访者的访谈过程都是很复杂的。受访者被要求一一描绘每个图像并讲出与之有关的故事。然后，受访者被要求将所有的图像按照不同的意群重新分类，并且给每一组图像设定不同的标签。此时，也会运用到阶梯分析技术。接下来受访者要回答多个问题，包括最具代表性的图像是哪个，有哪些遗漏的图像，没有选择的图像中哪些是与这个品牌截然相反的。受访者还会被问到对品牌的感受，包括颜色、声音和情感等方面。最后，访谈专家通常会要求受访者画出关于品牌的认知图，并将收集到的图像制成拼贴画，并附带总结性的介绍。整个过程就像医生在看病，这些访谈的目的就是揭示隐藏在图像下面的深层隐喻。

访谈程序的最终目的是发现某种深度隐喻，从而能够在制定营销策略时抓住核心意义。摩托罗拉公司的品牌策略中有些观点就来源于ZMET访谈过程。通过ZMET访谈，专家发现摩托罗拉品牌与狗的形象密切相关。经过深入的探究，研究者们发现犬类动物代表了安全与舒适。摩托罗拉产品就像是只忠诚的家犬，给人们关心和照顾。这项调研给营销者的启示是在为摩托罗拉制定品牌战略时，不应将其视为科技产品，而应将其定位为忠诚的看家犬。

第二节　阶梯分析法

阶梯分析技术的目的是发现消费者潜在的、深层次的消费动机，并在此基础上制定差异化品牌定位策略。因为在了解消费者的消费动机后，品牌的定位能够随之确定，所以需要有相应的品牌定位策略与之相呼应。

阶梯分析技术的起点是焦点小组访谈，通过这种形式的访谈，找到能够识别某种产品的关键特性。由于焦点小组访谈之后要进行单独访谈，并且单独访谈的结果需要汇总在一起，因此在小组访谈开始前，应该事先设定一组标准选项，这些选项能够在较大程度上代表分析对象的主要特点。

一旦识别了产品的关键特征，对于每个关键特征，受访者就会被要求列举出两条与之相关的益处。例如，焦点访谈小组识别出美发产品的一个特征是保持发型，受访者则需要列举出保持发型这个特征能为消费者带来什么益处。有的受访者可能会说使用美发产品保持发型，可以有效减少打理头发的时间，从而腾出更多时间来做其他的事情。当受访者说出这个益处后，访问者会进一步问"这个益处为什么重要"。这时，受访者可能给出的回答是因为他有很多事情需要处理。接着访谈者会再次提问，谈话因此不断深入，直至得到最终价值观。例如，在美发产品这个例子里，访谈不断深入，直到受访者的回答是："因为我希望人生有所成就"。受访者给出的回答还可能是"因为把事情做完能够让自己感觉良好，自尊得到了提升"。

焦点小组访谈过程中识别出的每个产品特征，都要反复进行这种不断深入的单独访谈过程，直到所访谈的目标消费者人数达到合理的样本量才算完成。访谈结束后，访谈者会根据每位受访者给出的答案制作价值分层图，通过这个分层图，能够看出产品的每一个关键特征是如何一步步被深入挖掘，进而获得最终的价值观。不同的产品特征，通过不同的访谈问题路径，可能最终得到的结果是相同的。通常情况下，即使最开始识别出的产品特征有七八个，但是显示在价值分层图上的终值可能只有三四个。

为了把不同受访者的价值分层图汇总在一起，首先需要统一语言表述。类似的观点或者想法首先会被统一成相同的表述方式，即使不同个体给出的回答存在细微的差别，也会将其忽略。在此基础上，则形成了包含绝大多数受访者观点、反映消费者最终价值观的汇总价值分层图，如果某个产品特征与消费者的价值观具有较强的联系，则用较粗的线连接起来。很显然，汇总的过程是有技巧可循的，但由于类似的观点被不同的受访者反复提及，因而这些观点则会被包含在汇总的价值分层图中。

作为经验丰富的访谈者，他需要有能力揭示一些更微妙的购买动机，一些消费者并没有准备好去承认的购买动机。例如，购买寇驰（coach）手袋的消费者在被访谈时，可能不会立即承认购买动机是为了获得品牌所带来的声望。此外，要想得到合理的汇总价值分层图，经验通常也是一个非常重要的因素。

在形成了合理的价值分层图后，通过这些分层图，可以看出产品的哪些特征能够为消费者带来益处，这些产品特征如何为消费者带来益处，以及这些益处如何为消费者实现个人价值而服务。

使用阶梯分析技术而得到的消费者最终价值观也会因为文化的不同而有所不同。文化不同、地域不同，每一种价值观的相对重要性也是不一样的。与ZMET分析技术的理论基础一致，在阶梯分析技术下所得到的最终价值观也是基本恒定的，但是每种价值观的重要程度不是恒定不变的。例如，有研究发现，追求自由这种价值观对于法国人和西班牙人来说非常重要，但是对中国人来说重要性则相对要差一些。稳定对于英国人和日本人来说非常重要，但是对委内瑞拉来说重要性则相对较弱。进取心对于埃及和沙特阿拉伯国家的人们是非常重要的，但是对意大利人来说又不那么重要。对于浪漫的重要性程度，泰国则比印度高。

这些价值观的重要性程度也会因年龄组的不同而有所差异。

例如，虽然保护家庭与诚实对于各个年龄组来说是具有普遍性的价值观，但友情和自尊对于年轻的消费者来说重要性程度更高，健康和公正对年长的消费者则具有更高重要性。

理解与产品特征相关的价值观以及不同价值观的相对重要性程度，能够帮助品牌管理者确定最适合的定位策略。为了获知年轻人喜爱口香糖的深层原因，黄箭口香糖（Juicy Fruit）曾经展开一次基于阶梯分析技术的市场调研活动。在调研活动开始之前，该公司对消费者喜欢口香糖的原因做了一些猜想，他们猜想原因可能是口香糖能缓解压力或者为消费者提供很方便的清洁牙齿的机会。然而通过阶梯分析技术得到的最终调研结果与管理者们最初的设想大相径庭，调查发现最主要的原因是口香糖的口感是甜的，能提供能量，能让消费者感觉更有创造力，更有成就感。在随后的广告中，黄箭口香糖将广告语换成了"想来点甜的吗？"，这则广告语充分利用了调研活动中所得到的信息。

第三节　内隐联系测试

内隐联系测试是用来测量概念之间无意识的或者自动联系强度的方法，这种无意识的联系是发生在有意识的行为之外的。内隐联系测试方法最初用来测量人们所持有的那些明知不受欢迎但是却在无意间始终持有的刻板印象和态度。

运用内隐联系测试获取受测者的反应非常复杂，但是方法背后的理念却是非常简单易懂的。由于自动联系的反应速度很快，而那些需要考虑一下的联系比自动联系所花费的时间稍长一些，两种反应速度的时间差异则是内隐联系测试效应。内隐联系测试的过程通常需要多次试验，并且这种测试一般是利用计算机辅助完成的。每一个测试步骤是要求被试者在看到一种刺激因素时按"D"键，在看到另一种刺激因素时按"K"键。上面所说的步骤是内隐联系测试的基本机制，但对反应时间的测量是测试的目的。

我们以扑克牌中的四个花色为例来说明内隐联系测试方法。最简单的分组方式分成红色（包括红桃和方片）和黑色（包括黑桃和梅花）两组。根据内隐联系测试方法，当红桃或者方片出现在电脑屏幕中时受试者要按"D"键，当黑桃和梅花出现在屏幕时按"K"键。按照上述测试步骤的要求，受试者可以自动做出反应，而且速度很快。然而，如果要求受试者在屏幕中出现梅花或者方片时按"D"键，虽然受试者也能顺利完成这个测试步骤，但是反应时间则会变长。当梅花和方片被联系在一起时，受试者头脑中已经存在的自然的联系则被改写了。这个测试步骤所增加的反应时间则是内隐联系测试效应。类似地，如果要求受试者将玩具和儿童联系在一起，这种联系是自动的，完成速度会很快。如果要求受试者将玩具和老年人联系在一起，虽然也能完成任务，但是花费的时间会稍长一些，因为这种联系有误。这个测试步骤较上一个步骤所增加的反应时间即使很短，也是内隐联系测试效应。

在谈到品牌建设时，我们通常认为评价性的词语与品牌的联系是自动的，另外一些词语与品牌的联系则不是自动的。通过衡量不同词语的反应时间差，可以识别出哪些词语与品牌的联系是自动的。因此在进行内隐联系测试时，可以测试好、坏这两个形容词与著名的全球性品牌如卡夫和一般品牌的内隐联系测试效应。首先测试卡夫或者"好"出现时受试者能够做出正确的反应所花费的时间，然后测试卡夫或者"坏"出现时受试者做出正确反应所需要的时间，接着计算二者的时间之差。同样的测试步骤可以得到自有品牌的内隐联系测试效应。

如果消费者认为全球性的品牌更好，那么当卡夫与"好"联系在一起时反应时间会比跟"坏"联系在一起时需要的时间少。利用这种方法，也可以测试苹果与戴尔对于"创造性"和"常规性"两种属性的内隐联系测试效应。

我和本书的合著者曾经就制药企业向医生提供的营销材料是否有效而进行了一次内隐联系测试。我们以医学院的学生为测试对象，观察这些学生对于名牌医药产品（与没有品牌的产品相对）的内隐态度。在实验开始之前，这些学生被要求填写一些调查表，有的调查表上没有任何品牌信息，有的调查表则带有立普妥品牌的标记。我们发现，对实验过程的控制并不能影响受测者对于品牌的直接态度，直接提问法不会影响他们开出处方的决定。但是测试结果显示，对实验过程所做的控制确实影响了受测者们对于立普妥品牌的内隐态度。在对某所大学进行调研时，由于医学院的学生抗议制药企业的营销活动，因此当他们填写调查表时，如果暴露了立普妥品牌的信息，则会恶化受测者对于该品牌的内隐态度。而在另外一所学校，制药企业的营销活动是能够被接受的，在这种情况下，当受测者们填写调查表时，暴露立普妥品牌的信息反而能够提高受测者们对于该品牌的内隐态度。

内隐联系测试方法在商业品牌研究中并不常用，但如果想测试消费者没有意识到的或者不愿意承认的内隐态度，这种方法则提供了机会。

第四节　人种论

人种论是针对特定群体所处的文化环境而进行的研究，这种研究方法最初被人类学家所使用，但是现在已经被市场研究者们运用到品牌管理中。人种论的研究目的是对特定子群体行为所处的文化环境进行深度描述，提供翔实的内部信息。这种方法的关键是观察受测者在自然状态下的行为表现，在观察过程中不预先设定任何框架，从而消费者的真实想法能够自然地流露出来。

为了准确理解消费者如何使用产品和服务，市场研究者们采用人种论的方法来观察消费者所处的文化环境。这种方法关注消费者行为所处的社会和文化环境，而非关注消费者的认知。在对消费者的日常行为进行观察时，研究者们采用观察、了解、倾听等各种方式。

研究者们通过观察消费者在厨房、浴室等环境中的行为来获悉产品如何与人们的日常生活联系在一起（这种观察可不是偷窥，研究者们通过向参与者付费的方式获得观察的许可）。例如，观察发现，很多消费者认为沐浴是一种退隐的方式，而浴室是人们得以远离日常生活压力的场所；消费者使用沐浴液时，通常是将沐浴液挤到丝瓜络或者洗澡的小毛巾上，揉搓到起泡沫后再抹到身上（为了尊重参与者的隐私权，在淋浴时，被观察者可以穿泳衣）。类似地，通过观察吃饭的过程可以了解人们在吃饭时遵循的方式。研究者们还到更衣室去观察受测者们如何试穿衣服，或者观察受测者们的户外烧烤活动。所有的这些观察活动为品牌管理者们了解消费者的看法和感受提供了帮助，为品牌的产品包装、广告以及新产品设计方面的决策指明了方向。

接下来，我们介绍一个比较有名的、利用人种论的方法定性研究品牌价值的案例。在这个案例中，研究者们观察消费者在感恩节中的各种行为，目的是找到最好的节日促销办法。

研究发现，在感恩节的聚餐中，每个成员都有自己喜欢的食物，每个人的喜好都需要被满足，因此节日大餐的一个关键特点是餐桌上的菜肴非常丰盛。以感恩节吃的红莓酱为例，这个发现意味着产品的种类越多越好，并且在营销活动中应该突出宣传种类多的特点。感恩节的红莓酱就像果馅饼，种类越多越好。感恩节活动的另一个特点是聚餐过后会剩下很多食物。

人种论研究方法的特点

在对消费者实施人种论研究时，首先需要回答几个问题。其中，最关键的问题是观察者的角色是参与者还是局外人？如果观察者同时也是消费活动的参与者，好处是观察者的视角可以深入到活动的后台。例如在观察消费者的就餐行为时，如果观察者作为客人的角色参与到就餐活动中，他就能有机会观察到餐前和餐后的活动，还能够加入到谈话中。但是作为参与者的话，确实会影响消费者的真实行为，并且在阐述这件事时容易造成个人偏见。

如果观察者是个局外人，那么消费者的行为表现会更加自然。作为局外人来观察时，可以通过个人观察，或者采用摄像这种更为常用的方式。许多零售店里都装有摄像头，起初是为了安全考虑，现在还可以用来观察消费者的购物模式。通过摄像机，可以记录消费者去过哪些购物通道，在特定的商品种类前停留了多长时间，在购买过程中是否咨询过他人的意见，是否触摸过商品，等等。摄像机可以记录人们在停车场的行为（过去常用于停车换乘方案的决策），记录人们在婴儿更衣室的行为（过去常用于纸尿裤厂家的决策），记录儿童在游戏室的行为。摄像机还可以用在其他很多场合。现在有些商店甚至会通过手机的跟踪定位功能来对消费者的购物模式进行监测。

观察之后还会对受测者进行深度访谈，从而使得通过观察收集到的数据能够得以提升。在访谈时，调查者会鼓励受访者讲述包含其价值观的故事，一些有选择性的记忆，自由表达的情感、判断以及个人经历。人种论研究方法强调参与者对于数据的可接受性，这与其他致力于获取客观公正信息的调研方法有所不同。

将这些数据进行汇总加工整理并形成前后一致的叙述，需要调研者的专业技能。人种论研究者们希望能够详尽阐述在观察中所收集到的各个层面的信息，希望全面、真实、可靠地反映这些事件。

第五节　凌乱的数据，宝贵的认识

这些定性的研究方法，目的都是深入了解消费者的想法。在获取了消费者最真实的想法后，进而能够评价公司之前所做的相关基本假设是否合理。

因为这些方法深入地探究消费者的想法，所以收集到的数据必然凌乱而且独特。也正因此，信息也变得难于理解和汇总。此外，在解释信息时，抽样偏差也是个巨大的问题。即使运用摄像技术可以在更大的样本量上收集数据，但是要想拿出具有一致性的总结说明也是很有挑战性的。

如果没有机械设备的帮助，单纯依靠个人面谈，不仅成本较大，而且会限制样本的数量。此外，这种面谈方式的结果也会受到面谈偏差的影响。

从好的方面看，这些方法是非常重要的。这些方法能够帮助调研者了解消费者的生活方式，观察并了解产品和服务是如何满足消费者的需求和目标的，并最终了解消费者与品牌的关系。但是考虑到样本量的局限性、解释偏差以及总结归纳时存在的问题，在调研时应该运用不同的方法来对调研结果进行检验，进而获取具有一致性的结论。

运用好的定性研究方法并得到了正确的结论后，下一步则可以据此提出假设和分析框架，并对扩大的样本量进行测试，然后运用传统的定量研究方法分析数据。下一章，将会就如何对品牌资产进行定量分析而展开探讨。

GLOBAL
BRAND POWER

第四章

CHAPTER 4

品牌价值的量化评估方法

▶ **本章涵盖以下内容：**

· 以客户为导向的品牌效益指标

· 品牌价值评估

· 市场价值/股东价值

· 应用定量分析方法来指导行动

　　塑造品牌是一项艰难且成本高昂的工作，当然，收益也是很可观的，**伟大的品牌是一笔巨大的资产**。全球品牌咨询公司Interbrand发布的美国零售品牌五十强榜单中，排在第五十位的"租赁中心"（Rent-A-Center）估值是7.71亿美元，排在该榜单首位的零售巨头沃尔玛的估值竟然高达1390亿美元。关于Interbrand的估值方法，我们将在本章进行介绍。

　　正确地塑造品牌并不是件理所当然的事情，有些品牌最终证明了自己是个金矿，而另外一些则成为吞噬企业资源的无底洞。与其他的营销活动一样，评价品牌是否符合企业战略目标的最可靠方法是对品牌价值进行定量测量，进而为绩效评估提供基准。

　　与品牌价值有关的评价指标中，其中一组指标用来反映消费者是如何对品牌做出评价的。针对采购决策流程中的每个阶段，都需要测量消费者对于品牌的反应：你的品牌能被消费者

想起吗？消费者是否愿意向其他人推荐？要想对以上这些关键问题做出回答，需要进行可靠的、有效的度量。另外一组指标用来测量品牌资产，也就是说如果能够实现品牌资产的增加，就说明为了塑造品牌而投入资源的决定是正确的。

第一节　以客户为导向的品牌效益指标

通过市场调查活动不仅能够获知自己的消费者对于品牌的态度和信任度，还可以获知来自于竞争对手的消费者的态度，这些调查活动可以通过在商场中随机访问、电话访谈、邮件以及网络等方式开展。

对品牌的态度和看法可以采用历史性或者前瞻性的方法来测量，还可以通过实时监测实体客户和线上客户的方式进行测量。如果采用实时监测的方式，公司需要对消费者的评论给予及时反馈，启动消费者对话。如果采用线上或者网络社群的方式来实时监测消费者的态度，将会更有价值。

品牌知名度

品牌知名度，即品牌在记忆中的可达性，可以在交流或者购物时偶然出现在消费者的大脑中。大多数的品牌营销活动，例如电视广告、线上广告、公共关系活动以及明星代言等，目的都是提高品牌知名度，但是最终获取的品牌知名度是多层次的。品牌管理者需要同时关注知名度的深度和广度。品牌知名度的深度是指针对特定的品牌，有多少消费者知道这个品牌，他们对这个品牌的了解程度有多深。品牌知名度的广度是指在什么情况下，这个品牌会出现在消费者的脑海里。对于成熟的品牌来说，广度是问题频发的领域。尽管成熟的品牌为很多消费者所熟悉，但是在特定的环境下，却并不能很容易地为消费者所想到。例如，邓肯甜甜圈是个知名的快餐品牌，但是消费者可能只有在早餐时间才会想到它，如果是午餐时间，即使甜甜圈可能是非常好的午餐甜品，但也很难想到这个品牌。

品牌知名度分为三个层次。第一个层次的品牌知名度具有无辅助回忆度，第一提及知名度是这种品牌知名度的目标。在测量品牌的无辅助回忆度时，可以就品牌的名字向消费者提问，并且在测试过程中不进行任何提示。品牌的名字越是容易出现在脑海里，在不同的情况下出现的频率越高，则品牌的第一提及知名度越高。例如，在调查中要求消费者说出可乐饮料的名字，那么可口可乐一般是第一个或者第二个被消费者提及的品牌。如果要求消费者说出一款软饮的名字，可乐则是第一个被提及的。如果要求消费者说出一款饮料的名字，可乐很可能还是第一个被提及的。对于某些人来说，即使要求他们说出一种食物的名字或者一个美国品牌，他们最先想到的很可能还是可口可乐。在这种情况下，品牌知名度已经达到非常高的水平。

每个人都知道这个品牌，在各种各样的情形下，每个人都能想到这个品牌。

为了更细致地测量品牌的无辅助回忆度，调研者们可以记录品牌出现在头脑中的顺序以及这个过程所需的时间。最先被提到的名字具有第一提及知名度。此外，回忆的模式能够帮助人们了解品牌知识在记忆中的组织架构。品牌在记忆中往往是分类归集的，属于同一组中的品牌往往具有共性。消费者在回忆时，这组具有共性的品牌往往具有互相提示的作用。

第二个层次的品牌知名度是指有辅助的回忆度。在进行测试时会给出提示，但是隐去品牌的名字。有时候调研者会把场合作为辅助提示信息，例如在提问时可能会问"当你在电影院时，会购买哪个品牌的糖果"。有时候调研者会用广告或者一些标志作为辅助提示信息，例如他们会问：在体育场上空盘旋的飞艇的名字是什么？当看到红色的斜勾时会想起哪个品牌？知道"quicker picker up"是哪个纸巾品牌的广告词吗？另外，对于时尚品牌，可以把产品的属性作为提示信息，例如可以这样提问：哪个品牌是以米色、红色和黑色的格子花呢面料为主？

品牌知名度的最低层级是简单的品牌识别。在对这个层级进行测试时，提出的问题类似于："你认识A&W这个品牌吗"或者"你最近见过派克吗"，这样的提问方式能够帮助消费者唤起对品牌的回忆。这个层级的知名度也是非常宝贵的，因为研究发现消费者偏爱他们所熟悉的品牌。对于这种现象，我们可能都有亲身感受。当我们在外资超市购物时，有很多品牌都是比较陌生的，这时候很多人倾向于选择自己熟悉的本土品牌。当判断受测者是否真的认识某个品牌时，可以在提问中加入一些虚构的品牌，例如汰渍牌洗洁精（汰渍是不出洗洁精的哦）。

品牌态度

很显然，品牌的知名度非常重要，但是消费者对于品牌是否持有积极的态度也非常重要。为此，营销者们对消费者持有的品牌态度进行测量。在本书第三章，我们已经介绍过如何获知消费者对于品牌的隐性态度，但是对品牌态度进行定量分析则更加困难。喜欢使用定量分析方法的营销者们往往会设计出封闭性的问题，通过这些问题来探究不同的产品特征与品牌相关联的强度、支持度和独特性。

例如，在调查中可能这样提问："你在多大程度上认同以下特征是属于宝马品牌的？"（采用7分制评分法对认同度进行打分）

⊙ 性能优良

⊙ 物有所值

⊙ 款式

接下来可以向消费者询问这些变量的重要性程度（采用7分制评分法进行重要性程度打分），然后采用加权平均法来评估消费者对宝马品牌的总体态度。如果性能优良这一特征的权重是7并且宝马得到了7分、物有所值的权重是5并且宝马得到了6分、款式的权重是6并且宝马得到了3分，那么宝马总体品牌态度的评估结果是7×7+5×6+6×3=97。

如果想将宝马与其他品牌进行对比分析，也可以通过分别评估宝马和其他品牌在不同的产品特征上的表现并进行比较而实现。这种评估方法还可以用来衡量与品牌相关的情感、使用价值等特征。

加权平均法的优点是能够计算任何品牌的综合分数，并且可以实现对品牌综合得分的动态监测。此外，为了提高品牌态度，还可以采取预防性措施。如果宝马汽车的某项不太重要的特征得到了高分，那么公司可以通过制定不同的策略，向消费者传达这一特征的优点。如果宝马汽车的某项重要特征得了低分，则可以通过修正消费者的观念或者对此项产品特征进行提升来解决得分低的问题。

加权评价法的缺点是我们所评估的各种产品特征都是预先设定好的，并且遵循传统的思维习惯。换句话说，当我们测量消费者对露华浓的态度时，可能会对颜色、易使用性、价格等因素进行分析。如果消费者在对该品牌进行评价时也是根据这几方面的特征，那么通过这个分析可以较好地获知消费者对该品牌的态度。但是如果消费者对于该品牌的评价是基于其他方面的特征，例如产品是否进行动物测试或者是否具有低过敏性，那么这种评估则是无效的。

因此，在进行分析评估时，消费者所看重的特征可能被忽略，但不太重要的特征反而会被赋以较高的权重，这正是传统的加权平均法在测量品牌态度时的缺点。此外这种方法还隐含了一个假设，也就是所评估的各项特征都是为消费者所喜欢的。例如，当用这种方法对MAC化妆品进行分析时，奇特的颜色很可能得到了高分，但是对于某些消费者来说，他们并不喜欢奇特颜色。

品牌忠诚度

对品牌忠诚度的评价，很大程度上是对满意度进行测评。在进行此项评价时，最有效的预测指标是消费者是否有可能再次购买这个品牌的产品。传统的满意度测评包括消费者对如下问题的反馈（采用7分制评分法进行消费者满意度打分）：

⊙ 我对星巴克完全满意。

⊙ 如果附近没有星巴克店，我会专程去找。

⊙ 这周内我准备光顾星巴克店。

⊙ 我会把星巴克推荐给朋友。

通过会员卡的广泛应用以及网络追踪，可以把消费者的行为指标添加到品牌的反馈机制中。使用行为指标评估品牌忠诚度时，不仅会根据消费者说什么，还会根据消费者实际做了什么，也就是消费者真实的行为是什么。在评估消费者的行为时，可以观测他们在产品试用、光顾的频率、最近使用的时间，以及行为的深度（购买的数量、购物时间等）等多个方面的表现。

运用这些行为指标，品牌管理者能够了解消费者对品牌的参与程度。通过评估线上消费者遗弃购物车或者取消订单等行为，也可以帮助营销者们清楚地了解到客户的流失发生在整个采购流程中的哪个环节。例如，有位消费者光顾了尼曼（Neiman Marcus）的网站，通过对她的整个浏览过程进行剖析，可以看到这位消费者一共浏览了多少网页，每一张网页上停留的时间是多少，是否往购物车中添加了商品，以及是否最终结账。

品牌大使——品牌推荐

当下，消费者与品牌管理者们共同创造着品牌形象。他们通过社交媒体网络的博客、标记、推送等各种功能与品牌联系在一起。由消费者自发生成的这些信息不仅反映了他们对品牌的态度，对于品牌的市场营销活动，也能提供一定的咨询意见，起到了风向标的作用。许多公司通过在脸谱网上的活动，来确定已经停产的某项产品是否应该重返市场。例如，芭比波朗

（Bobbi Brown）、MAC以及雅诗兰黛，都曾经在脸谱网上发起活动，通过粉丝投票来确定是否应该把一些停产的彩妆产品重新投放到市场中。有些公司还会利用脸谱网上的焦点小组来获取信息。百事可乐下属的子公司菲多利（Frito-Lay）最近在脸谱网上发起了一次粉丝投票活动，要求粉丝们对是否品尝过这种新口味薯片进行投票。吉尔特公司通过在脸谱网上发起聊天活动来了解消费者对公司的哪些产品感兴趣。

消费者们浏览品牌的网页，发表博客，对品牌所发表的评价等，对其他消费者来说，是可靠的信息来源。除了监测消费者的行为以及在网络上发布的信息，品牌应该而且必须对其中最活跃的品牌大使所产生的实际影响进行评估。例如，Klout公司能够衡量消费者在社交网络上的影响力指数，Klout使用推特上得到的各种数据点来计算消费者的Klout得分。同侪指标（Peerindex）是另一家提供社交网络信息流分析的公司，该公司的营业地点设在英国。Twitalyzer公司能够评估出哪些用户在推特上的影响力最大。

利用品牌效益指标来为品牌做诊断

利用这些指标，管理者们能够发现品牌在采购流程的哪个环节遭遇了失败，从而有的放矢地制定针对性策略，解决问题。如果品牌知名度的广度有限，管理者们可以对品牌战略进行重新

设计，从而确保在一些特殊的情况下，自己的品牌不会被消费者所忽略。有一些广告语，类似于"哇，我也能拥有V-8"，麦斯威尔咖啡的广告语"不再只为早餐而准备"，塔可钟的广告语"不只是汉堡"，都有助于提高非常规情况下的品牌知名度。

如果消费者对于品牌缺少积极的态度，那么，管理者在制定品牌策略时，则需要为品牌建立起区别于以往的、更有说服力的差异点。类似地，如果关于某个品牌的讨论或者推荐很少，则说明该品牌所提供的用户体验非常平淡。这些指标能够帮助营销者们对于以往的品牌策略进行优化调整，并且提供了反馈的机制。对这些指标进行动态监测，并建立起趋势分析图，是非常重要的。这些监测指标所发生的变动，哪怕是微小的变动，也能帮助品牌管理者提前发现问题，避免出现无法弥补的错误。

第二节　品牌价值评估

既然塑造品牌是一项昂贵的投资，那么对于以利润为导向的公司，客观上则需要一组衡量品牌资产的指标，进而能够以这些指标为依据对投资的合理性做出判断。与我们在前面所介绍过的品牌知名度、品牌定位、品牌形象等指标不同，品牌价值指标，是通过对品牌的价值进行评估，从而得到品牌资产的实际数值，并将其应用到资产负债表中。此外，运用领先的或者滞后的指标对品牌价值进行动态监测，当品牌的价值出现下降时，通过数据的变化则能够提示管理者品牌可能存在一些问题。品牌价值指标还能够帮助管理者们对资源配置的合理性做出判断。当我们讨论是否应该把资源配置到营销以及品牌建设活动中时，如果缺乏品牌价值的量化指标，那么这个讨论将是场非常艰难的博弈。

如何评价品牌价值是另一件事。方法之一是衡量品牌建设中所花费的成本。方法之二是衡量品牌为企业带来的额外收益。通过计算品牌为商品带来的溢价部分收益来测算品牌价值。最后一种方法是计算市场价值。市场价值法的两个最著名的模型是Interbrand模型和品牌资产评估模型。

成本法

成本法通过评估在当前条件下重置品牌所需花费的各种成本来测量品牌价值，是一个存在不确定性因素的计算方法。首先，过去所投入的研发费用、营销广告费等历史成本可能与当前的费用无关。其次，在较早之前的市场环境下，竞争者比较少，品牌知名度相对容易获取，而在当前的市场环境下，竞争者众多，想要获取相当水平的知名度，投入的成本将是以前的几倍。最后，品牌过去花费成本制作的广告可能是无效的，开展的营销活动也可能没有创造品牌价值。当然，过去已经花费的成本与当前或者未来的成本可能完全无关。如果不成功的品牌营销活动能够完全被消除，那么成本法则反映了在当前环境下，重置品牌价值所需要花费的最小成本。

计算托宾Q比率成本法的一个具体应用。托宾Q比率是个盈利能力指标，詹姆斯·托宾将该指标定义为企业的市场价值与重置成本之比。如果某品牌的市场价值远远超出该品牌的重置成本，那么托宾Q比率则较高，表示该品牌具有较强的盈利能力。例如，可口可乐的托宾Q比率大于2。蔻驰和苹果的托宾Q比率也都比较高。而托宾Q比率较低的零售品牌基本都是便利店。

收入法

收入法是基于产品市场的计算方法。这种方法衡量的是品牌本身为企业带来的收益，对于完全一样的商品而言，需要计算的是当拥有品牌时较没有品牌时所获得的额外收益。在计算时，针对不同的情况可以应用不同的方法。如果市场上有无品牌的同类商品，我们在计算品牌价值时，则计算品牌商品的收入超出无品牌商品的部分，并减掉品牌建设所花费的成本。如果市场中没有无品牌的同类商品作为比较对象，则可以运用联合分析、权衡分析等方法来计算品牌为商品带来的溢价收入。其他的例如牌照费，也可以通过这种方法计算其价值。

在应用收入法计算品牌价值时，难点在于找到产品特征完全一致的比较对象，但是从理论上来说，这种方法确实可以评估当前市场条件下品牌所具有的市场价值，或者说品牌的盈利能力。但是这种方法的缺点在于无法将品牌在整个生命周期的价值进行累加，无法将其作为企业的一项资产而确认其价值。所以，这种方法本身并不能用来资源配置的合理性。接下来将会介绍Interbrand和品牌资产评估模型，这两个模型均能够实现对品牌的整个生命周期的价值进行评估。

第三节　市场价值/股东价值

应用市场价值或者股东价值评估品牌价值时，是将品牌作为企业的一项资产来进行估值，或者是衡量在公开市场上出售商标本身所能够获取的收益。由于不存在公开的商标市场，因而没有办法做到单独出售品牌，除非将公司整体出售。有时候，整体出售时收到的超出公司资产账面价值的对价部分，会被认定为品牌资产的价值。在计算时，通常是采用折现法将品牌未来可能带来的经济效益折现到当前的时点。从本质上来说，品牌价值评估与股票估值的原理是一样的。尽管用来评估品牌价值的模型很多，并且有许多公司在做这方面的研究，但是应用最广泛的、最著名的评估模型是Interbrand模型。

Interbrand模型

Interbrand模型在评估品牌价值时，会以公司的资产负债表

和损益表为依据，计算报表数据对于品牌价值的影响。Interbrand
模型通过经济增加值分析来计算品牌资产为公司带来的额外收
益。品牌的总体价值是品牌能够为公司带来的当前及未来收益
的函数，在计算时会考虑品牌建设所投入资本的风险调整报酬。
利用这种方法，可以评估公司为品牌建设所分配的资源是否有
效。所以，Interbrand公司强调，该方法反映的是品牌活动对
股东价值的影响，而不仅仅反映对现金流的影响。

Interbrand模型的评估过程有三个关键步骤：

1. 计算所有的无形资产为公司带来的利润增加值。计算的
起点是收入，用收入减掉所有的成本，包括有形资产占用产生
的机会成本（例如，固定资产及营运资本占用的机会成本）和
税费。余下的收入则来源于无形资产，在资产负债表中通常以
"商誉"表示。这部分利润，除了来源于"品牌资产"，还包括
专利、管理能力、客户关系、地域优势、商标和许可协议等无
形资产的贡献。

**2. 确定单独来源于品牌的收益在所有无形资产收益中所占
的比例**。Interbrand公司提供了几种计算品牌收益占比的方法，
包括市场调研法、专家小组法、模拟法、评判模型法等。不管
使用哪种方法，这个比例在不同行业中变动很大。例如，在香
水行业，来自于无形资产的收益中大概有95%归因于品牌；在
啤酒行业，这个比例大概是85%；在金融服务行业，比例大概是

40%；在酒店服务业，比例大概是30%。当然，以上的数据都是估计，并且是行业的平均数，因此，对于不同的品牌来说，这个比例的变化可能非常大。在计算出品牌收益的占比后，用该比例乘以来自于无形资产的所有收益，即可以得到来源于品牌本身的收益。我们可以对当前年度及未来五年的品牌收益进行预测。当然，对未来第二至五年品牌收益所做的预测，需要反映公司对未来的市场情况、占有率、成本支出等情况的假设。

3. 评估品牌的强度。接下来需要将品牌在未来可能获得的收益折现到当前时点。在折现时所用到的折现率被称为品牌强度，其分值在0至100之间。品牌强度的分值高低受多个因素影响，包括品牌清晰度、品牌承诺、品牌保护、品牌一致性、品牌支持、品牌真实性等多个指标。

在计算出品牌强度的得分后，接下来就可以计算品牌收益的折现率，该折现率与10年期的美国国债的折现率相关联（Interbrand模型利用10年期国债的折现率作为参照，是因为该期限国债的折现率比较稳定，波动率比较小）。虽然计算过程会有些复杂，但是理解起来并不复杂，与债券的估值类似，品牌强度的分值越高折现率越低，则品牌资产的价值越高。在计算出折现率后，我们用这个折现率来计算从现在开始的第一个五年内的品牌收益的净现值，也就是将第二步所计算出的各年的品牌收益预计数进行折现。接下来计算永续价值：永续价值=

（第六年的品牌收益预计数）/（折现率-增长率）。在计算资产整个生命周期的价值时，永续价值是一种标准的计算方法。永续价值再加上第一个五年期内品牌收益的净现值，就得出了最终的品牌价值评估结果。

总的来说，Interbrand模型首先计算由无形资产所产生的收益，从这个数据出发，下一步是计算来源于品牌的收益在无形资产收益中的占比。接下来会根据品牌强度的分值计算风险系数。品牌越强大，风险越低，折现率也就越低。最终基于品牌能够生存较长时间的假设，我们计算得出品牌收益的净现值。

在过去的数年，Interbrand公司利用这个模型，计算出了100个世界顶级品牌的价值。例如，2012年，Interbrand公司对可口可乐品牌的估值是778亿美元，对苹果品牌的估值是766亿美元，对IBM品牌的估值是755亿美元，对谷歌品牌的估值是687亿美元，对微软的估值是578亿美元。有些品牌也是非常著名的国际品牌，但品牌的运作更像是小众品牌，那么其品牌价值则往往会被低估。例如Interbrand模型对法拉利品牌的估值是36亿美元，哈雷戴维斯的估值是35亿美元，星巴克的估值是37亿美元。有些高端奢侈品牌，名字都是响当当的，但由于这些品牌的市场定位是一小部分精英人士，因此这些品牌的投资价值未能与其顶级品牌的地位相称。例如，阿玛尼的品牌估值是38亿美元，博柏利的估值是37亿美元。此外，还可以通过计算品牌价值来评估各种市场推广活动对品牌的影响。

品牌资产评估模型

另一个计算品牌价值的模型是品牌资产评估模型，这个模型是由WPP集团下属的BAV品牌咨询公司建立的。据说，该模型所进行的调研活动是世界上持续时间最长的。这个研究项目始于1993年，涉及了47000个品牌，通过对涵盖50个国家的80多万消费者进行的持续调查，获取了评估所需的数据。这个分析模型能够提供同步指标和领先指标，并且可以与公司的财务业绩相关联。

该模型认为，品牌是随着消费者认知程度的深化而不断发展的。品牌的发展过程可以用柱状图来表示，即"品牌健康状况图"。第一根柱图是差异性，指的是品牌有别于竞争对手的差异以及由此差异而产生的额外收益。第二根柱图是相关性，指的是品牌与广大消费者的相关联程度，品牌个性与消费者的适合程度。第三根柱图是品牌地位，品牌在消费者心目中受欢迎的程度、档次、质量等，与消费者的品牌忠诚度相关。第四根柱图是品牌认知度，衡量消费者对品牌内涵及价值的认识和理解的深度。

对于BAV模型数据库中的每一个品牌，均可以就以上四个指标分别进行评估。不同的品牌，最终得到的柱状图也是不一样的，而通过形式不一的柱状图，我们可以看到品牌在市场中的不同表现特征，借此完成对品牌健康的诊断。例如，如果某个品牌的差异性水平较高，但是相关性水平低，那么品牌可以对其相关性进行重点加强，进而获取上升空间。在BAV模型的数据库中，Kindle和Zappos（一家美国卖鞋的B2C网站）都是这类品牌。然而，如果品牌具有强相关性但是差异性水平较低，那么品牌的独特性将逐渐褪去，并渐渐沦为普通的商品，只能靠价格和便利程度来与市场中的同类产品竞争。类似的例子有舒洁纸巾（Kleenex）、鲜果布衣（Fruit of the Loom）、壳牌（Shell gasoline）等。如果品牌具有较高的差异性以及品牌地位（例如索尼和耐克），那么这些品牌能够受益于良好的客户体验。如果差异性水平高但是品牌地位低（例如，Spike TV，Jersey Shore, hooters），这些品牌可能会出现分化。如果品牌的地位较高但是消费者的认知度低（例如Armour、Dogfish Head Ale, and Kevlar），这些品牌往往容易被消费者喜爱，但是了解不多。如果品牌的认知度较高但是地位低（例如万宝路、Motel6、BP），则代表消费者熟悉这些品牌，但是喜欢的程度不够。当我们了解了各种不同组合形式的柱状图所代表的含义之后，则可以更深入地了解品牌资产的价值。

品牌资产评估模型用柱状图的形式描绘了品牌在以上四个方面的表现，在此基础上，建立了二维的"品牌力矩阵"图，用该图来帮助管理者判别品牌所处的发展阶段，了解品牌的权益情况。品牌力矩阵在坐标图上用二维形式表现，横轴代表品牌高度，纵轴代表品牌强度。品牌强度等于差异性与相关性的乘积，该指标代表品牌在未来的发展潜力。品牌高度等于品牌地位与品牌认知度的乘积，该指标代表品牌在当前所处的地位。品牌高度和品牌强度的分数可高可低，通过不同的数据组合，最终可以得到品牌力矩阵图。有的品牌在两个维度的得分都较低，例如露露柠檬运动服饰公司（lululemon），四方公司（foursquare），施记护足制品公司（Athlete's Foot）等品牌，这些品牌则会被分类为新的、受关注程度低的不知名品牌。如果品牌强度得分高、品牌高度得分低（例如pom、Fage or Nespresso），这类品牌会被分类为小众品牌。如果在两个维度的得分都比较高（例如：宜家家居、VISA、谷歌、可口可乐、梅西百货等），则会被归类为领袖品牌。最后一种情况，品牌高度得分高，但是品牌强度得分低，这一类品牌基本都是日用品牌或者逐渐走下坡路的品牌。这一类别的品牌包括电视导报（TV Guide），斯普林特（Sprint），百事达租赁公司（Blockbuster）和斯帕姆午餐肉（Spam）。

在制定品牌策略时，应依据该品牌在品牌力矩阵中所处的不同象限，制定相应的策略。领袖型品牌应尽量扩大利润率，并且维持较高的销售量。小众品牌应尽量提高投资回报率。新品牌应该努力开发潜能，日用品牌应尽量提高成交量。品牌所处的象限还能与公司的财务业绩表现以及品牌价值建立联系。

由于BAV模型在调研中得到的数据是纵向的，我们把品牌在不同时间所表现出的品牌力绘制在图上，就能够得到关于品牌健康程度的矩阵图。例如，我们把百事达租赁公司在各个不同时点的品牌力绘制在图上，得到了该品牌的矩阵图，从图上可以看出，百事达租赁公司在2001年之前是领袖型的品牌。但是在那之后，随着时间的推移，品牌强度逐渐下降，在2010年，百事达租赁公司落到了走下坡路品牌的象限。因此，品牌力矩阵为管理者们提供了一个领先指标，有了这个指标，即使品牌的问题并没有清晰地在市场中表现出来，管理者们也已经获得了预警信息。奈飞公司（Netflix）为我们提供了一个与百事达租赁公司完全相反的案例。2005年，奈飞公司在品牌力矩阵图中还是一个小众品牌，但是到了2006年，该公司则上升到了领袖品牌的行列，随后在这个象限内，该公司的品牌高度得分不断提升，到2011年的时候，已经达到了强势的地位（由于该公司CEO在2011年后期所做出的错误决策，使其强势品牌的地位遭到了损害）。品牌力矩阵还可以用来描绘"新兴"品牌的发展过程。Itunes在2005年是位于新品牌的象限内，到2007年的时候已经上升到了领袖品牌的行列，在之后继续上升，到2011年已经达到了超级领袖的位置。

总的来说，品牌资产评估模型（包括评价品牌健康程度的柱状图以及品牌力矩阵）是另一种测量品牌价值的方法。该模型不仅能够提供领先指标，还能提供滞后指标，这些指标还能与公司的财务业绩相关联。品牌强度，或者说品牌的差异性及相关性，能够为品牌的健康与否提供领先指标，能够对品牌的增长潜力进行预测。品牌高度，或者说品牌地位和品牌认知度，是评价品牌健康与否的滞后性指标，能够对品牌在过去一段时间内的表现进行检验。

图 4.1 评价品牌健康、发展、动能、竞争优势的柱状图

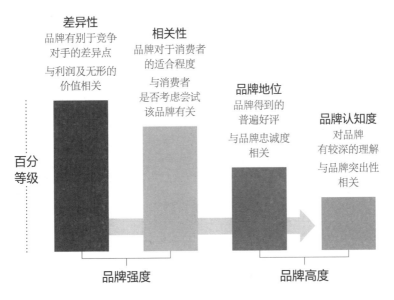

数据来源：品牌资产评估（BAV）模型

图 4.2　了解柱状图中四个因素的关系是理解品牌资产的关键

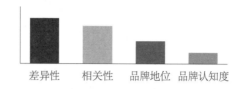

差异性　　相关性　　品牌地位　品牌认知度

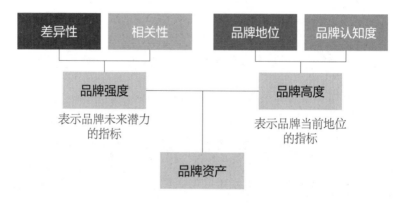

数据来源：品牌力矩阵:品牌强度和品牌高度，品牌资产评估（BAV）模型

第四节　应用定量分析方法来指导行动

　　定量分析方法所提供的指标是清楚的数字，便于对不同品牌的优点和缺点进行比较分析。这些方法还能够评价为品牌建设所投入的资源是否发挥了其价值。

　　这些方法，对日后利用品牌资产以及管理品牌资产发挥了启发和评价的作用。在接下来的章节中，将会介绍与管理品牌资产相关的知识。

GLOBAL
BRAND POWER

第五章

CHAPTER 5

管理自己的品牌

▶ **本章涵盖以下内容：**

· 品牌延伸

· 授权的益处

· 品牌架构：品牌战略体系

· 品牌保护

透过万豪酒店集团的例子，可以窥见品牌管理的复杂程度。其著名的品牌，即万豪酒店及度假酒店的红色商标被用在所有标准化管理的万豪酒店中。而万豪的名称和标志也使用在它的托权品牌中（后面的内容中会详细介绍托权品牌），如万怡酒店、TownPlace酒店以及SpringHill酒店。万豪的名称还出现在JW万豪酒店中，但两者有很大的不同。冠以JW名称的酒店是万豪酒店中级别最高的。JW万豪使用了完全不同的蓝色的字体，以彰显其豪华酒店的形象，而这一标识也仅限于在JW万豪酒店使用。

在万豪酒店集团中，丽思卡尔顿和宝格丽是其最具标志性的豪华酒店及度假酒店，但在这两个酒店中压根看不到"万豪"的字样。就丽思卡尔顿酒店而言，管理层认为任何与"万豪"有明显联系的信息，都会破坏丽思卡尔顿卓尔不群的品牌形象。而宝格丽酒店则被打造成一个与其他万豪酒店品牌完全不同的形象，无论在酒店的数量和选址上（仅开设在世界少数几个国家，就连美国本土都没有），还是在价位上（伦敦宝格丽酒店新近推出的"两晚套房"，标价为每晚1560英镑）。

万豪酒店集团在万丽酒店中也隐去了"万豪"的字样，但原因与前者不同。万丽酒店致力于提供与传统万豪酒店不同的商务住宿体验。传统的万豪酒店偏重于向商务人士提供优质、高效的服务。这一类商务人士喜欢连锁酒店提供的同质化的服务体验，他们知道这次入住的酒店与之前的是一样的。选择万丽酒店的商旅人士更崇尚多样化，更喜欢能够展现当地特色的酒店，因此每一家万丽酒店的设计则更像是彼此独立而非连锁的酒店。这时，如果"万豪"的标志出现在万丽酒店中，则酒店的名字会显示出同质性而非多样性，统一的"万豪"标志反而会成为劣势。

基于同样的原因，"万豪"的名称也没有出现在该公司所运营的傲途格系列酒店（Autograph Collection）中。这个品牌的酒店全部为独立运营的，公司管理者认为如果把这些各具特色的酒店冠以统一的"万豪"名称会破坏其独特的个性。

万豪集团认为，所有的这些酒店都是其为顾客提供的住宿选择组合中的一部分。这个组合所包含的酒店范围很广，万豪希望通过这样的组合能够让每一位顾客都能找到最适合他们的酒店。从能够满足大多数顾客需求的标准化酒店，到追求高品质服务的奢华酒店，再到极少数能够满足顾客定制需求的酒店，万豪集团均将其囊括其中。因为旅客们常去的酒店不止一家，而且常常根据不同的需要而选择不同的酒店，在这种情况下，将不同的酒店一并囊括能够为旅客们提供更好的服务。此外，无论入住过万豪旗下的哪一家酒店，作为老顾客，都可以享受到再次入住的优惠待遇。

如果去掉"万豪"的光环，即便哪一家酒店反而可能经营得更出色，但是被囊括于万豪集团酒店产品的组合中，也还是给这些酒店带来了明显的优势。例如，有人曾经做过市场调研，对于丽思卡尔顿酒店的会员来说，丽思卡尔顿酒店能够解决其中大约半数人的出行住宿需求，另外半数人的住宿需求，即便不能通过丽思卡尔顿酒店解决，也能通过万豪旗下的其他酒店而得以解决。通过建立这样具有差异化的酒店产品组合，使得入住万豪酒店的旅客既可以享受会员优惠，还可以满足其多种需求。这样的酒店组合还使得产品的价格区间更为丰富。

通过万豪酒店的例子，我们可以看出，打造卓越的品牌资产需要娴熟的管理技巧。而这一过程中的巨大投入则需要通过可观的收入来获取回报。正如我们在第四章所看到的，虽然强大的品牌资产能够为公司带来的利润远远超出类似的非品牌产品，但今天的成功不代表明天也会成功。利用现有的品牌资产投资来实现未来增长的三个最佳途径是：（1）品牌延伸（2）授权（3）品牌架构。

增加收入的第一种方法是使用同一个品牌来推出新产品。这可以通过在同一类别产品中延伸产品线来完成。例如，通用磨坊食品公司（General Mills）使用麦圈（Cheerios）这个名字来为新口味的麦片进行宣传，包括星星麦圈，蜂蜜坚果麦圈和苹果肉桂麦圈。此外，还可以通过扩展品牌特许权将现有的品牌延伸到新的产品类别。想想看，ESPN体育电视网是如何延伸到ESPN电台、ESPN的杂志以及ESPN.com的，而这些渠道都可以通过销售商品而获取收益。

增加收入的第二种方法是通过品牌授权，被授权的个人或公司支付一定的费用则可以获得使用其他品牌的名称、标志及其他特征的权利，并用于销售自己所生产的产品。当第三方使用该品牌销售产品或者提供劳务时，会将其收入的一部分作为特许权使用费支付给品牌所有者。例如，莎莉集团旗下品牌Hillshire Farm是生产香肠等肉类产品的，但是该品牌为了生产啤酒而获得了"米勒海雷夫啤酒"的授权。

绘儿乐（Crayola）已经授权给其他公司使用该品牌生产冰棒、磁贴和彩色的塑料积木。而派瑞艾力斯公司则获得了生产耐克游泳衣的授权。

提高投资回报的第三种方法是以现有的产品及品牌为基础，为新产品创立新的品牌。为了强化公司旗下不同品牌之间的联系，则需要有一个总体的品牌架构。虽然最优的品牌架构取决于市场特征和企业的特点，但是在"多品牌组合"与"品牌化的组合"之间存在某一点，在这一点上，能够实现最优的品牌架构。"多品牌组合"是指公司旗下的众多品牌是独立的，不存在企业主品牌。"品牌化的组合"是指通过建立卓越企业主品牌，使之像一把大伞笼罩旗下一系列产品品牌，产品品牌可以从主品牌得到强大的背书效应。

不同公司的不同品牌也可以通过合作而推出新的品牌。例如，苹果公司和耐克公司联合推出的Nike+iPod"运动组件"，该产品通过无线技术将运动鞋与iPod连接起来。同样，每个季度本杰明·摩尔（Benjamin Moore）与陶谷仓（Pottery Barn）都会联合推出一套新的调色板。当需要通过兼并或收购来保证业绩增长时，新公司也可以使用原有的品牌。

第一节　品牌延伸

利用原有的品牌时，最简单的方法是在同类或者相近的产品类别中，使用原有品牌来推介类似的产品。这里说的新产品可以是一种简单的产品线的延伸，例如推出一种新口味的产品；或者使用原有品牌来推广不同形式的同一种产品，如果冻布丁；又或者是使消费者注意到新产品的某种成分，如在冰淇淋甜点中加入的M&M或者士力架的糖果。原有的品牌也可以用于其同系列产品中。

因此，潘婷利用其在洗发产品中的优势推出了护发素和其他头发护理、美发产品。产品延伸也可以带来独特的好处。我们回想一下，以温和著称的象牙牌香皂，是如何将产品延伸到洗涤剂和洗洁精领域。公司还可以尝试利用一种产品的口碑来带动其他产品的销售。比如普拉达品牌的声望已经从服装扩展到鞋子、手袋以及香水等领域。

品牌延伸还可以帮助品牌实现内部层级的划分。这就是所谓的垂直延伸，虽然向下比向上延伸要容易，但是这种延伸可以向两个方向进行。盖洛（Gallo），是个以生产散装葡萄酒起家的品牌，通过向上延伸已经成为著名的葡萄酒品牌。乔治阿玛尼是高级定制品牌，但该品牌进行了垂直延伸，推出了低价位的阿玛尼品牌，如阿玛尼·卡尔兹，安普里奥·阿玛尼，阿玛尼牛仔裤，A/X和阿玛尼休闲品牌。

品牌延伸的优势和劣势

品牌延伸为提高收益提供了多种途径。首先，通过品牌延伸可以吸引不同的目标群体，从而带来新的顾客。其次，品牌延伸可以为现有顾客提供更多的选择，从而提升销量。品牌延伸为扩大零售柜台的空间提供了可能性，从而能够有效地阻止竞争，带来额外的销售量。

通过在渠道内外的延伸，制造商和零售商的联系得到了加强，从而造就了品牌在营销过程中的战略优势。例如，电子产品和家电零售商经常要求制造商提供专门的品牌或型号的产品供其独家销售。这样有助于控制同行业间的价格竞争。这样做还可以避免前面所提到的消费者在实体店里体验过产品后，通过在线折扣店等途径来购买产品的"展厅现象"。最后，通过将品牌进行向上和向下的延展，产品的价格区间更大，具有不同的预算要求或者价格敏感度的顾客需求均能够得到满足。

品牌延伸还有成本上的优势。对现有品牌进行延伸，在现有品牌的基础上推出新产品或新系列所需要的成本更少，因为它充分利用了品牌现有的知名度，而消费者也可以立即认识到新产品的优势。公司的促销、宣传和沟通策略也变得更有效，因为在同一次活动中可以同时对几个系列的产品进行宣传。即使是对某单品进行宣传，也有成本优势，因为对这个单品的宣传可以间接地为其他产品线做广告，因为这些产品线具有相同的品牌名称。新产品还可以为品牌带来新鲜的元素，能够丰富品牌的内涵。

值得注意的是，失败的品牌延伸将会削弱品牌。如果品牌的延伸与原有品牌不具有一致性，这会误导消费者，淡化甚至破坏原品牌的内涵。零售商可能会拒绝引进新的产品或者提供展位。有时，新产品也会影响原来产品的销售，这种情况曾经

发生在米勒淡啤酒（Miller Lite）身上。考虑到淡啤酒自身的销售量，米勒淡啤酒无疑是个非常成功的品牌延伸产品，但它却影响了原有的啤酒产品的销售，因为消费者发现了新的口感没那么浓烈的啤酒。过度的品牌延伸对于原有品牌是一种威胁，可能会对原有品牌产生削弱作用，从而使其丧失竞争优势。

品牌延伸的合适度问题

虽然没有哪一个品牌延伸策略是万无一失的，但灾难性的后果还是可以避免的。为了收到良好的品牌延伸效果，原有的品牌必须适合新推出的产品。例如，如果用奥利奥来为鞋子命名是毫无意义的，而作为冰淇淋的牌子则再合适不过，因为与奥利奥这个名字相关的联想包括冰淇淋产品。同样地，拉尔夫劳伦可能适用在鞋类产品上，而用来命名冰淇淋则是徒劳的。

将品牌延伸到新产品时，如果新产品不具备与同类产品竞争的优势，那么也会起到适得其反的作用，品牌的价值将会被削弱。最后，即使与原有品牌相关的联想确实包括这个新系列，延伸的结果也可能不尽人意。例如，虽然与金宝汤相关的联想包括番茄酱，但是调查显示消费者认为以其命名的番茄酱产品会让人想到水分非常多的、稀的东西，所以该公司没有将其品牌名称延伸到番茄酱产品中。

最好的品牌延伸方案应使新产品系列与原有品牌之间能够

良好地契合。优秀的品牌延伸还可以反哺原有品牌。例如，博柏利将品牌从标志性的雨衣延伸到了配饰和服装。博柏利的品牌为这些产品带来了价值，而作为回报，该品牌旗下所包括的全线产品也为这一品牌带来了活力。这一品牌延伸策略中，最成功的产品就是博柏利泳装，该系列产品综合了原有品牌的经典品质与性感、挑逗的时尚元素。因此，这些品牌延伸使品牌保持了新鲜、时尚和与时俱进的元素。

通过品牌延伸可以为品牌带来深远的影响，从而增加品牌的价值。慧俪轻体（Weight Watcher）这个品牌最初只出现在健康饮食中心。而后通过成功的品牌延伸，该品牌的名字出现在便利店里销售的低卡路里食物上。现在慧俪轻体的名称已经代表了纤体、健身以及健康的生活理念和生活方式。

为确定适当的品牌延伸方案，最好的方法就是通过市场调研活动来确定品牌与某个新的产品类别的契合程度和发展能力。确保品牌的名称与新产品相适应并不等于将二者原有的联系简单直接地加以应用。品牌与产品的关联会随着产品类别不同而发生变化。品牌延伸失败的原因有很多种。失败的品牌延伸非但不能发挥任何作用，反而会损害品牌的价值，或者过度的延伸会削弱原有品牌的影响力。通过广泛的市场调研活动，这些风险能够在一定程度上得以缓解。但是无论选择何种策略，对弱势品牌进行延伸或者将强势的品牌延伸到较差的产品上，这两种做法都不是明智之举。

第二节　授权的益处

另外一种利用品牌资产的方法是通过出售或者授权使用的方式将商标权转让给第三方。授权商获得出让商标使用权的特许权使用费，增加了收入且不会产生任何需支出的费用。有时被授权人所销售的产品有助于提高消费者对于原有品牌商品的体验。例如，苹果公司将iPod品牌授权给制造保护壳或者音响设备的制造商使用，这些第三方所生产的产品提高了消费者对于iPod产品的使用体验，同时苹果公司无需转移其核心力量。

正如我们刚刚所提到的，将品牌延伸到新的产品类别中可能是有利的，既可以丰富品牌的产品线也可以保持品牌的相关性。对于公司而言，如果进入到并不熟悉的领域，是有风险的。在这种情况下，公司可以将其品牌授权给在相关产品领域具有专业技能的第三方。例如，宝洁将其清洁先生品牌（Mr.clean）授权给Magla，由后者来生产清洁先生品牌的清洁用品，从而使清洁先生从单一的产品扩展为一整套清洁用品系列。

品牌授权的优势

在经过授权后，被授权人得以使用一个经过市场验证的品牌，而不必冒着从头开始打造品牌的风险，不需要为品牌建设投入巨额资本。对进入市场而言，这意味着巨大的时间优势。另外，获得强大品牌的授权，可以让被授权人的产品获得溢价收入。

通过授权的方式可以让设计师或者名人的声誉得到迅速的传播。这种方法常见于时尚界。通常情况下，设计师与第三方制造商签订授权协议，由后者来生产由该设计师所设计的多种产品。这样，设计师可以迅速构建出一个庞大的产品线，通过销售产品而获得了自身的知名度，同时从出售的每一件产品中抽取版权费。

艾康尼斯品牌集团就在商业领域进行着这种交易。它在很短的时间内购买了许多项授权，包括青少年的鞋业品牌坎迪斯（Candie's），时尚内衣品牌乔宝克斯（Joe Boxer）。而后，艾康尼斯直接将该品牌授权给零售商，给予零售商独家销售的权利以及比通常情况下更大的控制权。以坎迪斯为例，该品牌只在美国科尔百货公司（Kohl's）出售，而乔宝克斯则由西尔斯百货（Sears）独家销售。

过度授权下的隐忧

虽然一纸授权许可协议能够给各个参与方带来可观的利润，但这样的策略也可能招致巨大的风险。一旦将商标使用权授权给另一方，商标原持有人便失去了对品牌的控制权。被授权人生产的产品可能达不到原有品牌的标准，或者被授权人会以该品牌的名义生产很多种产品，从而削弱品牌的价值。当这种情况出现时，品牌的原持有人可能会试图回购商标使用权从而挽回对品牌的控制权。以拉尔夫劳伦为例，在拉尔夫劳伦将保罗牛仔品牌授权给琼斯服装集团的案例中就出现了上述回购情况。拉尔夫劳伦对琼斯的授权协议签署四个月后，该公司就收回了授权，理由是琼斯服饰对该品牌的过度推广和分销会威胁到拉尔夫劳伦公司的整体品牌授权行为。问题不仅出在琼斯服饰用拉尔夫劳伦的品牌生产牛仔裤，还有一点是出让该品牌使用权后，拉尔夫劳伦公司难以进入当时利润丰厚的高端牛仔装市场。

第三节　品牌架构：品牌战略体系

在新的市场或者新的产品系列中推广公司的一组品牌时，利用某个大的主品牌的优势，会大大增加成功的机会。在此之前，要首先搭建起一个框架来了解公司旗下的不同品牌是如何相互作用的。

大卫·艾克，加州大学伯克利分校名誉教授，自诩为"品牌大师"，他提出了"品牌架构"的概念来描述这个过程。正如一栋房屋中的每个房间都有各自的使用功能，但各个房间组合在一起便构成了一个整体，对于品牌的管理也类似，把具有不同功能的品牌组合在统一的框架下便形成了一个整体。关键之处在于保持品牌的独立性，即使在使用一个品牌为另一个品牌造势时也是如此。

品牌架构是个非常棘手的过程，因为如果做得不好，可能造成品牌定位的混乱，而不能为品牌增加价值。构建品牌架构时要考虑很多战略性的问题，包括产品组合的广度和深度（指该品牌架构下应容纳的产品线的数量，以及每个产品线中产品的数量）。

在评估某个特定类型的品牌架构的优缺点时，要始终牢记四个目标。第一个目标是品牌的整体架构以及其中的每个品牌都要非常清晰。每个品牌的定位一定要简单，而品牌之间的关联也必须清晰。第二个目标是协同性，也就是每个品牌均要独立地运作，但是所有品牌构成的整体所获得的效益要大于所有单个品牌的效益之和。也就是说，如果各个品牌之间的联系不能创造出额外的价值，那么就没有在品牌间建立关联的必要。第三个目标是品牌间的杠杆作用。品牌联合的意义就在于系统中的一个品牌可以为另一个品牌所利用。最后一个目标是系统中所有的品牌必须都是强势的，品牌整体架构的强弱取决于系统中最薄弱的环节。

"多品牌组合"与"品牌化的组合"

艾克提出，品牌架构体系的范围，应该包括从"多品牌组

图 5.1 品牌关系图

多品牌组合	受托品牌	子品牌	品牌化的组合
通用汽车 宝洁	万豪集团旗下 的万怡酒店	奥迪A4	迪士尼 维珍集团

数据来源：大卫·艾克（David A. Aaker）和埃里克·乔基姆塞勒（Erich Joachimsthaler）合著的《品牌领导力》一书。

合"到"品牌化的组合"。对于"多品牌组合"来说，这种体系下，每个品牌是独立的，它们之间的关联并不会对外宣传。通用汽车公司就是一个多品牌的组合，旗下包括凯迪拉克、别克、雪佛兰等品牌。同样地，宝洁也是多品牌的组合，旗下拥有汰渍、象牙和佳洁士等诸多品牌，无论是产品的包装还是对品牌的广告宣传，这些品牌都不会明显地表现出其与宝洁的关系。在美国市场，这种情况尤为突出。而在其他一些国家的市场，宝洁则会把这些品牌和宝洁公司的名称联系在一起进行宣传。

在美国以外的地方，由于消费者们更看重企业的品牌，因而宝洁会更多使用其公司品牌进行宣传。例如，在日本，企业的品牌是非常深入人心的，松下和索尼都以其企业的品牌而著称。在这些国家里，企业的品牌意味着某种价值观和社会责任。在美国，尽管这一趋势正在发生变化，但是宝洁发现，对多样化的品牌进行宣传能够获得巨大的收益，如果品牌之间的联系过于紧密，反而会损害单个品牌的个性。

"品牌化的组合"与"多品牌组合"正好相反。在"品牌化的组合"下，体系内的每一个品牌都会在其企业主品牌之下活动。迪士尼和维珍均是"品牌化组合"体系下的典范。

受托品牌是介于"多品牌组合"与"品牌化的组合"之间的一种架构体系。这种品牌架构更接近"多品牌组合"，但不同的是，每个新品牌都是经过企业主品牌的授权而使用。以万怡酒店为例，该酒店品牌的创建得益于万豪集团卓越的企业品牌。当万豪集团的背书效果实现时，万怡酒店最终以自己单独的品牌名称而为消费者所熟悉。子品牌这种架构体系更接近于"品牌化的组合"，在这种品牌架构下，公司会在原有的主品牌下建立一个新的品牌条线，例如奥迪A4，如果拿掉奥迪的名头时，A4品牌是不可能单独取得成功的。

"多品牌组合"架构体系的优势在于新的品牌具有其独立的身份，因此可以面向完全不同的细分市场。品牌间的独立性也降低了相互间的负面影响。如果组合中的某一个品牌垮掉了，对其他品牌不会造成过多的影响。

在零售环节和某些特定的区域中，通过"多品牌组合"的架构体系，可以在市场中占据较大的空间。例如，如果靠近机场的地段是酒店的最佳位置，那么对于连锁酒店而言，在机场

这个区域的酒店就不应该使用相同或者相近的名字。而通过万怡酒店、SpringHill Suites、TownPlace Suites这样的受托品牌，万豪集团通过"多品牌组合"成功地解决了这个问题，各个酒店可以离得很近而不必担心市场饱和的问题。"多品牌组合"还为寻求差异化的人群提供了选择机会。当然，"多品牌组合"也有它的劣势。首先，开发和维护各个品牌需要付出高昂的费用。其次，这些品牌间的相互竞争会造成相互蚕食而无益于整体收益的增长。考虑到成本方面的不足，品牌架构的发展体现出整合的趋势，即朝着"品牌化组合"的方向发展。

考虑品牌架构时要注意的问题包括：创建新品牌还是延伸原有品牌？新品牌采取何种形式——子品牌、受托品牌还是全新的品牌？在品牌宣传和产品包装中主品牌被使用的程度如何？

在品牌架构体系的选择中还存在着一些微妙的影响因素。一个品牌体系不必坚持统一的策略，在这个体系中，可以同时将受托品牌、子品牌等等不同的策略融合到一起。举一个卡夫食品公司的案例。公司遇到的问题是，在每种卡夫食品中，卡夫公司的主品牌应该被突出到何种程度，这个问题曾经困扰过公司的管理层。有些产品直接以公司品牌命名，包括卡夫芝士、卡夫烧烤酱以及卡夫蛋黄酱。而其他的一些品牌，如卡夫速食饭、卡夫速烤粉，它们作为卡夫的受托品牌仍然保留着原来的名称。还有一种情况，卡夫虽然是其托权品牌，但是却很少使用在受托品牌中，例如费城奶油干酪（Philadelphia Cream Cheese）和味维他奶酪（Velveeta）。

在其他的品牌如奥斯卡梅尔和劲爆奶油的产品中，是看不到卡夫授权的痕迹的。在整个架构体系中，卡夫公司必须权衡将公司主品牌的名字印到产品包装上能否带来收益的增加，并决定营销策略中是否应该对主品牌进行推广和促销，还是采取淡化主品牌的策略。

兼并与收购

当公司合并或者收购时，由于建立了新的企业实体，因此原有公司的品牌需要能够协同工作。在这种情况下，原有的品牌名称会面临什么变化呢？对于每个不同的案例，答案也是各有不同，但原有的品牌名字无论是并存、合并还是创建新品牌，在每个案例中，都要通过市场调查的方式来决定。

来看看美国信托和美国银行合并的案例。案例中涉及的一个问题是如何确定私人银行业务的品牌。管理层认为考虑到分别维护两家公司原有的私人银行品牌的成本，应该把原有的品牌合并成一个品牌进行管理，但是这个决定说起来容易做起来难。美国信托和美国银行的私人银行业务在市场中有着截然不同的定位。美国信托是排名在前五的私人财富管理品牌，与另外四家：贝塞麦、高盛、北方信托及摩根大通齐名。美国银行

的私人银行业务虽然没有前者的排名高，但它更为消费者所熟悉，组织机构的规模也更大，它的客户数量是美国信托的五倍，管理的资产规模是美国信托的两倍，并且国际化的程度更高。业界认为美国银行拥有的资源更为重要。

但最终的决定是以美国信托为主导品牌，因为其所代表的财富管理专业化水平更高，具有较高的信誉，而美国银行则作为托权品牌发挥其广泛的企业影响力。在品牌标志上，将美国银行放在主品牌之下并用较小的字号来标识。

合并后的新标志，美国信托的标志在上并且所用的字号较大，美国银行的名字在下并且字号较美国信托小很多，新标志的颜色以美国信托黑白色调为主体，而不是以后者的红、白、蓝三色为主，但美国银行的红白蓝旗标也被保留了下来。

每一个合并或收购的案例都会遇到不同的决策问题，但所有的并购案在进行市场调查时所关心的问题却是相似的。比如，品牌的优势是什么，与品牌相关的领域有哪些？消费者选择其中某个品牌的原因是什么，哪个品牌在未来更具有发展的潜力，能够为公司带来更多的收益？哪个品牌被合并后可能导致更多的客户流失？品牌忠诚度的弹性如何？最后，从审美角度来看，各个品牌的标志和颜色是否能够协调？

从全球化的角度来考量新老品牌如何协同工作、共同创造价值是极其复杂的。在这种情况下，需要针对不同的市场和文化背景来对各种调研问题、品牌策略进行评估。戴姆勒奔驰与克莱斯勒两个公司的并购案之所以没有成功，有部分原因就是无法调和包括语言和风格在内的所有的文化差异。戴姆勒奔驰，这家德国公司以其高超的制造工艺、集中化的流程管理和决策程序而闻名。公司旗下的梅赛德斯奔驰品牌是一个高端、奢华品牌。美国克莱斯勒公司的文化则更具弹性以及"敢想敢干"的美国文化。它旗下的汽车品牌包括克莱斯勒、道奇、普利茅斯和吉普，这些品牌得到了美国广大蓝领阶层的青睐。不同的管理文化、品牌价值的冲突导致两个品牌无法实现融合，这次并购案最终也以失败而告终。后来，有并购方面的研究报告表明，相互冲突的文化导致无法实现其多个品牌的协同效应，并且最终使得该并购计划无法顺利实施。

大品牌的跨国并购案中，比较成功的是比利时英博公司收购美国安海斯布希公司的案例，后者是百威啤酒的制造商。从一开始，英博就承诺将维护安海斯的美国传统。而事实上，在百威啤酒的全球战略中，其所宣扬的美国的文化正是一个宣传重点。

第四节　品牌保护

为了保护和充分利用品牌全球化过程中的巨额投资，品牌经理们首先需要思考两个方面的问题。

1. 品牌的数量。现有的品牌是否还具有相关性？如果还具有相关性，是否需要通过采取适当的品牌延伸策略来扩展品牌的内涵，使品牌保持与时俱进？进而思考如何从每个品牌中获得尽可能多的回报。例如，是否可以依托现有的品牌而开发出新的品牌？

　　2. 产品种类的广度。对于这个问题，品牌经理们需要考虑的是，企业是依赖于一种产品还是依靠多个产品种类来实现业务的增长？在考虑开发新的品牌时，关键的问题是如何使品牌协同工作进而建立起强大的品牌架构体系。

　　在最后一章里，将会介绍所有的品牌策略是如何通过图形元素、命名策略等方式而对外传播的。此外，最后一章还会讲到保持品牌相关性和与时俱进的重要性，以及当品牌定位需要调整时品牌经理人可以选择的一些做法。

GLOBAL BRAND POWER

第六章

CHAPTER 6

有效的品牌传播和重新定位策略

▶ **本章涵盖以下内容：**

· 品牌的名称

· 名人效应

· 公益营销

· 品牌的重新定位

为了传播和延续，品牌需要拥有自己的名字。历史上，许多经典品牌都是用家庭的姓氏来命名的。例如福特汽车、利维斯特劳斯公司、雅诗兰黛、拉尔夫劳伦、雷诺烟草、箭牌、耶鲁大学、西屋电气、万豪酒店、伍尔沃斯以及米其林轮胎，这些品牌全部以其创始人的姓氏而命名。但是，用名字来命名可能不是创造一个令人难忘的品牌的最好选择，尽管用姓氏来给品牌命名可以取得较好的效果。

举例来说，谁曾经听说过史蒂芬妮·乔安妮·安吉丽娜·杰尔马诺塔这个名字？这是Lady Gaga的原名，这个女孩不是因为自己的原名，而是因为她自创的艺名Lady Gaga而被《快公司》和《华尔街日报》誉为近年来最激动人心的品牌之一。

毫无疑问，Lady Gaga是一位才华横溢的艺人，她同时也是一个运作品牌的天才。她在品牌运用上的聪明才智从选择名称时就已经开始展现出来。她甚至将自己的铁杆粉丝们也打造

成一个品牌——Lady Gaga的"小怪兽"，粉丝们通过社交媒体网络来追随她的步伐，Lady Gaga在脸谱网上的粉丝数量达到了4700万，在推特上的追随者超过了1800万，而且数量还在不断增长。

为什么Lady Gaga这个名字如此成功？因为它令人难忘而且非常独特。她将"Gaga"和"女士"这两个互相矛盾的词组合到了一起，前者是俚语"痴迷、狂热"的意思，而后者是经典和优雅的代名词。与任何强大的宣传计划一样，Lady Gaga这个品牌有其独特的元素：图标、噱头、服饰、歌舞杂耍表演，而这一切成就了她的形象。

Lady Gaga清楚地知道自己的品牌名字所具有的力量，她警觉地对自己的品牌名字进行保护，防止因为被抄袭而影响其独特性。曾经有过这样一件事：她通过起诉，成功获得对歌手Lady Goo Goo的禁令，对方由一个儿童社交网站推出，Lady Gaga认为对方不仅拙劣地模仿了她的名字，还影响到她的合法权益。

第一节　品牌的名称

如果从头开始介绍的话，有许多不同类型的品牌名称可供选择。一种命名方法是将姓氏和对产品的描述组合起来，比如"沃尔玛"，对山姆·沃尔顿来说就很成功。给品牌起名的时候，还可以从诗歌或者文学作品中寻找灵感。耐克这个名字的灵感正是来源于希腊胜利女神，耐克标志性的勾子，象征着希腊胜利女神翅膀的羽毛，代表着速度，同时也代表着动感和轻柔。品牌的名称还可以代表品牌的属性或象征意义，例如"大众汽车"（Volkswagen）在德国的含义是"老百姓的汽车"；"沃达丰"（Vodafone）包含了"语音"、"数据"和"电话"这三个属性。品牌的名称也可以是不同理念的组合，比如"威瑞森"（Verizon），它融合了真理（veritas，拉丁语中的真理一词）和眼界（horizon）这两个理念。品牌名称还可以是描述性的，比如"纤体美食"（Lean Cuisine）、"慧俪轻体"（Weight Watchers）、"二手车出租"（Rent-a-Wreck）和7-11（该店最初的营业起止时间）。品牌的名字还可能是将错就错。例如谷歌（Google）最初的名字是Googol，意思是10的100次方，但在创建最初的域名时，由于拼写错误，而成了现在众人皆知的谷歌（Google）。

起名的准则

如果想给品牌起个好名字，应该考虑以下几条准则。首先，这个名字应该很容易发音和记忆。虽然有些品牌已经克服了这个障碍，比如盖可（Geico）保险公司（原政府雇员保险公司）通过壁虎广告让大家印象深刻，Aflac公司（美国家庭人寿保险公司）则借助了鸭子，但是很显然，无需额外的花费就能让消费者准确读出品牌的名字是聪明的选择。如果与同类产品的品牌名太过相近，像State Farm和All State，或者Goodyear和Goodrich，缺点也是显而易见的。

品牌名字应该申请注册商标，避免被抄袭。要确保能够在互联网上取得域名，同时这个名字可以很容易地被回忆起来或者与品牌相关联，便于搜索。还需要检查一下，在脸谱网上或其他社交网站上，是否有同样或类似的名称正在被使用。另外还需要查清，在全球其他地区的语音中，该名称是否有不受欢迎的意义。

把品牌的名字翻译成另外一种语言可能是个问题，尤其是在不同的语系中。许多西方品牌都选择保持西方的标志，而不是将其翻译成另一种语言。对于西方品牌来说，进入中国市场是非常有趣的，因为在把洋品牌翻译成中文时需要确保汉字能够保持品牌原有的含义，这是非常重要的一点。如果仅仅根据西方语言的字面去翻译或者简单地音译都可能会造成麻烦。相似的发音可以与不同的汉字相对应，但这些汉字的含义有可能大相径庭。在翻译品牌名称这件事中，最有趣的小故事来自可口可乐，Coca-Cola在20世纪20年代最初进入中国时曾被翻译为"蝌蝌啃蜡"，它和英文的发音类似，但简单音译后的汉字意义与品牌本意大相径庭。很显然，这不是品牌想要传达的信息。

由于实在是不尽人意，可口可乐曾不得不将其整个商标注册过程重新来过。

好的品牌应该能为消费者提供某种独特的、有吸引力的、有意义的东西，而品牌的名字必须能够承载所有的战略优势，并且以文字或者口头的方式展现出来。苹果之所以成为一个强大的品牌，原因有很多，但引人注目的标志和简单的造型是最重要的原因之一。可以唤起快乐或某种其他情绪的品牌一样可以让人过目难忘。

品牌还需要与公司和产品线一起成长，并有足够的伸缩性，能够为品牌的延伸提供空间。波士顿鸡作为品牌名字是有局限性的，也正是因为这个原因，该品牌最终将名字改为波士顿市场。邓肯甜甜圈也同样在努力解决其名字问题。星巴克则首先把名字中的"咖啡"一词去掉，而"星巴克"也从一个咖啡杯上的商标，做好了国际化以及横跨不同产品领域的准备。总的来说，如果名字过于局限于某一种产品或者某一种属性，则使品牌缺乏应有的灵活性和适应性。

最后，预见时代和价值观的变迁是非常重要的。因为"德州炸鸡"这个名字已经过气而且限制了品牌发展，所以它演变成了现在的"肯德基"。"20世纪福克斯"显然是上个世纪了！但是还有一些品牌名字，例如"维珍"，由于这个名字新鲜有趣，且没有和特定的产品类别联系在一起，因此这个品牌变得非常有价值，目前已经涉足多个产品类别，产品遍布世界上很多国家。

其他品牌元素

一旦选好了名称，就需要使用其他的元素来进行个性化的设计了。商标使用的字体非常重要，因为标志与品牌名字息息相关，是品牌的象征，关系到品牌的个性。品牌标志在设计时应达到这样的目标：标志需要引人注目，强化品牌联想，并且可以在全球范围内传播。精心挑选的标志和字符可以为品牌灌注更深的含义，并加强它们之间的联系，但这些的标志和字符也可能会被误解，或者是变得过时。例如，宝洁公司曾经使用过的一个商标是留着长胡子的老人寻找十三颗星星，坊间传言这个商标和撒旦有关。虽然宝洁公司不断地出面否认，但传言依然存在。最终，在20世纪90年代，宝洁公司将商标换成了蓝色的文字商标P&G。

口号和广告歌曲也能够传达更多的细致入微的含义，但这种含义很难解释。无论最终选择了哪种元素，它们必须协调一致并且具有一贯性。

如果品牌是一个实物产品，一些独特的卖点则可以通过包装来体现。绝对伏特加（Absolut Vodka）通过其不同寻常的短颈瓶，而不是更典型的长颈瓶，使它在众多的竞争者中占有了一席之地。由于短颈瓶在设计方面的创新性，绝对伏特加投放在平面媒体中的广告连续十年都突出了这个特征，其对于品牌的重要性可见一斑。

同样，亨氏番茄酱瓶形状已经成为其品牌的一部分了，它以其标志性而入选史密森博物馆。具有讽刺意味的是，虽然瓶子的形状与众不同很讨喜，但是这种形状的瓶子使番茄酱不容易被倒出来。亨氏试图把这个缺点变成其特色，为此，该公司推出了"番茄酱比赛"系列广告，该广告强调当瓶口朝下时，最后流出来的番茄酱是最浓稠、口味最丰富的。

色彩的运用

当消费者看到一个品牌时，最先注意到的是商标的颜色，并且它在记忆里留存的时间也是最长的。品牌的终极目标则是拥有属于自己的标志性颜色：例如蒂芙尼的淡蓝色，玫琳凯的粉红色。有些颜色与品牌的联系非常紧密，只看到颜色就能联想到某个品牌。例如UPS快递，即使人们没有看到公司的名称，但标志性的棕色卡车和员工制服也足以把它和其他公司区别开来。

商标颜色的选择需要考虑两方面的因素：喜爱程度和辨识度。高辨识度的颜色，如红色、黄色和橙色容易引起人们的注意。而低辨识度的颜色，如蓝色和绿色容易令人安静下来。对颜色的喜爱程度则因文化和国家不同而有所不同。在美国，蓝色是一个很受欢迎的颜色，而在印度人们更喜欢橙色。中国人偏爱红色，通常认为蓝色是冰冷的。金色和银色用在正式的场合，而淡粉色和淡紫色则显得脆弱。对于不同的产品类别，消费者的颜色偏好也不一样。红色、蓝色和黑色是服装首选的颜色，而米色和棕色多用在家居装饰中。颜色也有潮流和趋势，我们都见证了黄色取代蓝色这一潮流的变动过程。

在选择品牌的标志性颜色时，需要考虑目标用户对于颜色的喜好，因为颜色的喜好存在人口统计学方面的差别。例如，孩子们容易被霓虹色吸引，而老年人更喜欢柔和的棕色和灰色。还应考虑颜色在不同环境下的表现差异。同样的颜色在网店和实体店有什么不同？颜色在白光下有什么变化？放大或缩小对颜色有什么影响？有些情况下，公司可以运用法律来保护其在某个产品类别中所使用的颜色，这也引出了另一个需要注意的方面。

第二节　名人效应

媒体对名人的高度关注，使得名人本身可以成为一个品牌，Lady Gaga和金·卡戴珊已经将其自身的名人品牌注入到多种经营业务中，充分利用各种真人秀和推特，以吸引消费者对于她旗下的女士内衣和香水给予关注。另一方面，通过名人效应，可以有效地宣传品牌的内涵和归属感。

名人效应可以从两方面为品牌提升价值。首先，明星代言人可以提供可信度。在这种情况下，品牌与名人直接的联系程度取决于名人的专业形象或可信度。因此，人们可能会买玛莎·斯图尔特炊具是因为斯图尔特在厨艺方面的专业知识。消费者对于名人的喜好和熟悉程度可以让名人更好地发挥其与品牌之间的联系。人们购买珍妮弗·洛佩兹香水，因为洛佩兹的性感和吸引力，而不是因为他们认为她是一个香水专家。

名人与目标人群或者产品的契合程度也会影响品牌与名人效益之间的关系。研究表明，名人会对品牌产生正面和负面的影响。当产品与名人的身份很匹配时，会为品牌带来积极的反馈。相反，如果两者匹配得不够好，对于名人的负面联想则会殃及品牌。

当然，利用名人效应来推广品牌或者创造品牌的最大风险是：名人也是人。如果他们生活中的丑闻浮出水面，这些负面的联想可能会影响品牌的形象。老虎伍兹和兰斯·阿姆斯特朗是近期比较出名的两个例子。两个人都曾经是非常成功的明星代言人。作为一个世界顶级的运动员，伍兹帮助耐克品牌推广了其高尔夫用品；而他作为一个成功的运动员，也能够为高尔夫运动以外的产品带来声誉，比如埃森哲和Tag的手表。然而，当他的婚外情曝光后，与高尔夫运动相关的品牌，如耐克公司继续与伍兹合作，但是非高尔夫运动品牌公司迅速放弃了他。对于阿姆斯特朗来说，在获悉其服用兴奋剂的证据后，赞助商迅速抛弃了他。

利用名人做代言，可以迅速提高品牌的市场知名度。此外，如果名人本身与品牌之间存在很强的关联，那么名人代言能够非常有效地传递其品牌价值，除非名人本身就是这个品牌，否则名人的光环不应该掩盖产品的价值。品牌的价值和意义应高于名人与品牌的联系。

第三节　公益营销

除了吸引自己的客户和雇员，许多品牌近期已经意识到承担社会责任的重要性。很多品牌都已经开始参与各种形式的公益活动，或者通过促销或赞助，或者通过向慈善机构或非营利机构提供支持的方式。比如，Dressbarn与美国癌症协会的生命接力，雅芳和魅力杂志对普及乳腺癌知识的支持，NBC和ABC对教师招聘和反毒品运动的支持。这些伙伴关系是互惠互利的。通过承诺从销售额中拿出一定比例的收入用于支持公益事业，商家提高了其品牌的知名度。与此同时，与公益事业的联系可以帮助品牌提高和加深消费者对其品牌的认知度和感情。

品牌在不削弱企业社会责任目标的前提下，与公益事业相关联，也能够得到些名副其实的利益。所有的事情都是平等的，比起那些只顾赚钱的公司，消费者肯定会更看重具有社会责任感的公司。当公益事业符合公司的利益，当利他主义似乎与自身利益相一致时，参与公益事业对公司而言是利好因素；但如果公益事业和企业利益之间的联系不真实或存在机会主义时，做"善人"的举动可能会适得其反。

接下来我们看一下肯德基在2010年美国乳腺癌宣传月与苏珊科曼乳腺癌基金会之间的合作。肯德基将出售"爱心桶"所得收入中的一部分捐赠给基金会。肯德基的做法听起来很慷慨，但乳腺癌的支持者们认为这是一个虚伪的举动，他们认为吃高脂肪食物，不是健康的生活方式。一封请愿书流传开来，请求科曼终止与肯德基的合作。

当公司组建之初就建立了公益事业的价值观时，这种联系将更真实。举例来说，从一开始，本杰瑞（Ben & Jerry）公司便重视社会责任，强调回馈社会。在本杰瑞公司的主页上列明了三条社会使命目标：（1）促进和平与正义的事业；（2）制造出与我们的价值观一致的冰淇淋；（3）带头推动全球可持续乳制品事业。这些社会责任目标从公司成立开始便一直存在，而且为了实现这些目标，该公司制定了详细而全面的战略和业务实践方案，这些做法使得品牌拥有了非常强大的公信力。即使最终被联合利华所收购，本杰瑞从一家个性化的小公司加入到巨头公司旗下，但是公司创立之初的目标却得以延续下来。

与公益事业发生关联还有可能导致公司的顾客发生两极分化。这种情况曾经发生在美国著名的快餐连锁店福来鸡（Chick-fil-A）身上。该公司总裁丹·凯西发表了反对同性婚姻的言论，针对他的言论，可以预见，将会出现两边倒的倾向。有些政府官员和支持同性恋的活跃分子对凯西表示出了极大的愤怒，并且举行了针对福来鸡的抗议活动。而支持凯西的人则采取了相反的举动，他们参加了"福来鸡感恩回馈日"活动。当然，福来鸡因为其总裁的言论而丧失了一些客户，但是由于公开表明了自己的立场，也同时得到了另一部分顾客的更多的忠诚度。大多数公司都会尽量避免招致这种争议，但是如果某个公司的总裁发表了类似的言论，观察公众反应也是件非常有趣的事情。

第四节　品牌的重新定位

随着时间的推移，需要对品牌的内涵、品牌沟通战略给予积极的管理，否则品牌可能会迷失前进的方向。有时候，品牌原有的联想消失了，品牌的相关性变弱，出现这种情况的原因可能是产品过时，例如柯达的感光胶片；还有可能是因为与品牌相关的联想已经变得平庸或者不合时宜了，比如发生在奥兹莫比尔公司（由美国汽车业开创者之一兰索姆·奥兹建立于

1897年，1908年并入通用公司）的故事。在这些情况下，可以使用沟通策略来对品牌进行重新定位。对品牌进行重新定位需要改变消费者的态度，但是消费者的态度一旦形成是很难改变的。研究者们在态度改变方面所做的研究表明，消费者有一种保持原有态度的原动力和惯性。人们不喜欢不和谐，他们会尽其所能，包括寻找一些借口来解决不和谐的问题。例如，许多人在休假时会吃一些高热量的食物，同时会劝慰自己在休假的环境下，这些热量无伤大雅。人们使用自己惯有的想法和愿望而非生活常识来解释周围的一切，并据此做出行动。

关于品牌的重新定位，一旦消费者在之前的体验中形成了对某个品牌的坏印象，那么保持一致性的动力则使得他们不愿意去改变自己的想法。关于这一点，奥兹莫比尔的广告营销策略为我们提供了一个很好的例子。奥兹莫比尔希望消费者们改变对于该公司产品的看法，希望将现代化的信息传递给消费者。许多年轻人认为奥兹莫比尔的汽车不够现代，是适合父辈们使用的。当奥兹莫比尔试图以年轻和激情作为卖点来宣传展示它的汽车时，消费者们出现了认知失调，他们无法把年轻和激情与他们的父辈联系起来。为了达到一致性，他们更换了广告内容，宣传其产品稳重的特点。奥兹莫比尔汽车和老一代之间的关联实在是过于强大，即使是再好的广告和改进过的产品也无法改变消费者的看法。事实上，奥兹莫比尔（Oldsmobile）这

个名字显然是无助于改变产品形象的。此外，著名的广告口号
"这不是你父亲的奥兹莫比尔"，更是此地无银三百两，不但没
有改变人们的看法，反而强化了消费者对于品牌原有的印象。
最终，由于消费者对这个品牌的印象太固化，很难改变，通用
汽车公司不得不停产了这个品牌。

奥兹莫比尔的例子表明，一旦消费者对品牌有了先入为主
的印象，重新给品牌定位几乎是不可能的任务。解决这个问
题的关键是让品牌能够缓慢但持续地发展，以保持它的新鲜感
和现代感。象征品牌的一切东西都是可以更新的。清洁先生
（Mr. Clean）、贝蒂妙厨（Betty Crocker）、查理金枪鱼等知
名的品牌，也都通过逐渐地改头换面，来保持品牌的新鲜度。
对产品的包装和商标做出改进也利于保持品牌的新鲜感和现
代感。

另一种保持品牌活力的方法是定期更换宣传口号。汉堡王
（Burger King）就是通过这种做法来不断实现其品牌定位的调
整的。从20世纪50年代的"皇堡之家"、80年代的"我们了解
汉堡"，到90年代的"发现汉堡的价值"，再到通过社交媒体来
吸引目标人群的21世纪，以"我选我味"作为主打口号，并且
以病毒式营销的方式打造出"小鸡侍者"这样的疯狂角色。汉
堡王的营销策略也成功地从以产品为导向逐渐演变为以消费者
为导向。

正如第五章所介绍过的，品牌延伸策略可以让品牌不断地焕发出活力。最后，通过赞助的形式提高品牌知名度，可以帮助品牌获得新的消费者市场。例如，百威啤酒通过向音乐家和庆典活动提供赞助，在年轻人中间获得了较高的认可度。

对于定位和沟通策略的持续关注，可以让品牌保持与时俱进，但是对品牌定位所做出的变化需要稳定并且具有一致性，而且必须建立在核心价值和品牌的传承上。如果某个品牌已经老气横秋了，渐进式的变化则不足以让它重新焕发活力。在这种情况下，唯一的机会是尝试采取"银弹策略"。这种策略的含义是通过一些非常激进的做法，迫使消费者重新审视某个品牌。

暇步士（Hush Puppies）的鞋子以舒适和休闲的设计著称。这个品牌在说服消费者购买第一双鞋子上做得非常成功，但却难有回头客。消费者们认为暇步士的鞋子过于居家，就像拖鞋一样，不需要频繁更换。为了鼓励消费者们再次购买，暇步士把鞋子的颜色从棕色、米色以及其他中性的颜色变成了果色。这种强烈的变化瞬间改变了鞋子带给人们的印象，暇步士从居家的拖鞋变成了时尚的配饰，从而实现了销量的增长。通过颠覆既有的印象，暇步士获得了蜕变。虽然这样的手段有风险而且不一定总是有效，但对于奄奄一息的品牌，这种破釜沉舟的做法还是应该尝试的。

使用品牌元素来传达品牌的战略

正如第五章所说的，对品牌架构体系进行管理是一项复杂的工作，需要进行市场调研和战略分析，从而最大限度地挖掘品牌的潜能，实现收入增长。一旦在品牌架构体系方面做出了某个决策，那么各种品牌元素就可以帮助该品牌将最终的决策传达给消费者。

这里有一个例子，德国邮政世界网（Deutsche Post World Net），即德国邮局，为了成为集邮政、快递、物流和金融业务于一身的企业，该公司先后收购了三家公司，包括敦豪快递（DHL）、丹沙物流（Danzas）和德国邮政银行（Postbank）。德国邮局在收购三家公司后，做出的决策是将不同的公司置于同一个公认的企业主品牌名下。他们是如何实现这个目标的呢？

德国邮政，即收购发起公司，有着强大的、骄傲的德国文化，并且在其本国享有很高的声誉。而敦豪快递，原本是一家美国公司，拥有完全不同的、狂野的美国西部文化，但是在新的品牌组合体系中，该公司是在全球范围内享有声望最高的公司。

德国邮政与敦豪快递两个品牌的标志和选用的颜色也相距甚远。敦豪快递的标志由红色和白色构成，而德国邮政的标志却是黑色和黄色的背景色。

　　最终，两个公司的合并以规模小但是声誉更佳的敦豪快递为基础，但不同的品牌元素被创造性地结合起来，既保留了原有的企业历史和文化的痕迹，同时还创造性地体现出新公司的名字。新公司的标志以敦豪的标志为主体，但是用德国邮政的黄色背景色代替了敦豪原来的白色背景色。新公司的卡车车身上喷涂了德国邮政黄色的背景色，但是卡车上的标志是新的敦豪标志。最终的设计不仅承载着过去，也传递出合并后的变化，还突出了新公司的文化，可以说是一举多得。

结 语
CONCLUSION

　　套用广告策划大师大卫·奥格威的话，任何人都可以销售产品，但只有真正的天才能创造一个全球性的品牌。强大的全球品牌有其独特的内涵，可以向世界各地的消费者提供服务。最近，麦当劳宣布在印度北部新开两家店面，并且只提供素食类快餐，对于这个快餐巨头而言，这是其历史上的第一次。麦当劳无疑是个全球性品牌，"我就喜欢"的宣传口号和金黄色的拱形标志已经深入人心，但是麦当劳的菜单、配送方式、甚至广告投放还是会根据不同的市场情况而进行动态调整。

　　可口可乐公司从"新可乐"品牌推广惨败的教训中认识到，品牌名称所具有的价值大过任何一款产品，并且最好的品牌与消费者之间的联系是长期而且稳固的。消费者也是品牌的拥有者，当他们愿意时，他们可以成为品牌最好的代言人和宣传者。当然，品牌与消费者的关系是一把双刃剑，如果走错了一步，负面的消息也会通过各种社交

媒体工具而迅速地传遍整个世界。

品牌是人们考虑购买某种商品的重要原因之一。但是，对于消费者来说，整个采购流程并不仅仅是决定买或不买一双新的菲拉格慕（Ferragamo）鞋子那么简单。在整个采购的流程中，消费者与商家的接触点很多，商家有很多机会来对消费者的认知和品牌忠诚度进行有效的干预。无论是通过线上还是在实体店购买商品，在计划、采购和消费体验等各个阶段，品牌对消费者的影响是无处不在的。

消费者对最佳全球品牌的感受体现在对品牌的情感依赖上。在当今的社会，财务顾问们被指控策划"庞氏骗局"，哈佛的学生被指责作弊，那些货真价实、消费者可以完全信赖的品牌无疑是个巨大的反差。像BAV公司的研究报告中所说的，消费者的信任已经成为品牌策略中的新王牌。

的确，品牌资产是一家公司最重要的投资，但是来源于品牌的力量绝非偶然获得的。成功的品牌必然得到了积极的管理和各方面的支持。在竞争的环境中，强大的品牌比其他品牌有着更好的品牌定位和更丰富的品牌体验。这些品牌也需要根据市场环境的变化而不断调整其所传递的信息。最后，优秀的品牌在定位时需要做出选择：不仅需要决定自己的品牌是什么，更重要的是要决定自己的品牌不是什么。

　　要想真正了解一个品牌在消费者眼中的价值所在，只有通过认真的调研、测量才能获得。定性测量提供了一个镜头，透过这个镜头能够捕捉到消费者心中真实的想法和感受，而不仅仅是那些消费者愿意说出来的想法。无论是通过隐喻诱引技术来发现影响购买决策的更深刻的思维活动，还是通过内隐联系测验来揭示消费者与品牌之间存在的更深层的联系（而不是看那些明白表示出的态度），抑或是用人种论来探究消费者所处的人文环境——这三类的分析工具一般只有比较激进的品牌管理者才会选用。

　　定量分析方法可以更精确地分析出品牌的长期价值以及获利的机会。常规的市场调研方法能够帮助管理者了解品牌的知名度，品牌态度和客户满意度。利用扫码机和网络浏览记录得到的数据对客户行为进行分析，可以更深入地了解消费者的行为习惯和品牌忠诚度。

　　如同其他投资一样，投资强大的品牌可以创造出更多潜在的收益。通过品牌和产品种类的扩展，往往可以降低推出新产品的成本并重振这个品牌。建立在强大品牌驱动力之上的品牌体系是有能力将触角延伸到新的、利润丰厚的市场和客户群中的。而在不滥用的情况下，通过发放使

用许可证，也能够为品牌带来新的收入来源。通过品牌战略合作及品牌代言可以创造出新的品牌、融合的品牌，这些品牌最终也能获得独立的收入来源。兼并和收购也为品牌管理者提供了发挥创造性和施展才智的机会。

最后，在为品牌创立名称和标志时，必须考虑到一些战术和设计方面的问题。一个精心设计的品牌，可以通过宣传口号、符号、颜色和字体向消费者传递自己的核心价值观。令人记忆深刻的品牌名字往往独特而且容易记住。强大的品牌常常拥有独特的颜色，比如UPS快递的棕色，蒂芙尼的淡蓝色包装盒和玫琳凯的粉红色轿车。品牌所暗含的一些元素也可以让品牌保持现代感并保持与核心用户的紧密联系。

对于任何一家公司来说，没有哪项资产比一个强大的、经营有方的全球品牌更重要。正如桂格燕麦公司的前任首席执行官约翰·斯图尔特曾经说过的那样，"如果这个生意做不下去了，你可以拿走土地和房子，但我会留下品牌和商标，因为这对我来说已经足够了。"

★ 宾夕法尼亚大学沃顿商学院营销学教授

★ 杰伊·贝克零售业研究中心主任

★ 沃顿商学院阿瑞斯蒂高级管理培训中心品牌影响力核心课程主任

研究兴趣：品牌管理、品牌忠诚度、品牌决策制定、消费者心理、产品的多样化及定制、零售商品的分类、客户关系管理、医疗和金融服务、价格促销。

芭芭拉·卡恩

现任宾夕法尼亚大学沃顿商学院营销学教授和杰伊·贝克零售业研究中心主任。她于1990年开始任职于沃顿商学院，在沃顿商学院连续担任了17年的营销学教授，还曾担任沃顿商学院本科生课程主任一职。其担任伦纳德·戴维斯研究所高级研究员时还同时在研究生院心理学系任教。在沃顿商学院工作期间，她曾前往日本东京大学和澳大利亚悉尼大学进行访学。

卡恩女士拥有哥伦比亚大学博士、工商管理硕士、哲学硕士以及罗切斯特大学英国文学学士学位。在沃顿商学院十几年的工作经历之后，她受邀来到位于佛罗里达州的迈阿密大学工商管理学院担任其院长和特聘教授，当时她着眼于全球的新举措和学术课程吸引了来自世界各地顶尖商学院的师资力量，不仅提高了该校的科研和教学水平，也同企业界建立了密切的合作伙伴关系。她所采取的这些积极主动的举措，为迈阿密大学工商管理学院带来了卓越成效，并迅速提升了学校的知名度和声誉。她在迈阿密大学还创办了鼎鼎有名全球商业论坛，吸引了超过千位商界领袖和专业人士的参与。

在迈阿密大学工商管理学院贡献三年半之后，她回到了沃顿商学院继续任教，并为沃顿商学院享有盛誉的阿瑞斯蒂高级管理培训中心开发了系统的品牌影响力核心课程，担任课程主任。

卡恩女士在品牌管理、品牌忠诚度、零售商品分类问题以及决策制定等方面的研究获得了国际公认的成就。她的研究令营销管理人员可以更好地理解消费者的商品选择过程。

卡恩女士在权威学术期刊上发表的专业文章超过了五十五篇，在全球最有声望的营销杂志的供稿作者中，卡恩女士是供稿最多的七位作者之一。她还曾担任消费者研究协会会长、消费者研究期刊政策委员会主席以及营销科学学会理事。她还曾担任市场营销学杂志区域编辑、消费者研究期刊副主编等职。卡恩女士目前仍在市场营销研究周刊、市场营销学、市场营销周刊、消费者研究杂志、消费行为研究等杂志的编委会任职。

《纽约时报》、《华尔街日报》、《金融时报》、《华盛顿邮报》、《今日美国》、美国国家电台等诸多媒体均对卡恩女士有专门的报道。

关于作者更多详细介绍，请参见沃顿商学院官方主页https://marketing.wharton.upenn.edu/profile/200/

沃顿商学院

宾夕法尼亚大学沃顿商学院成立于1881年，作为世界上第一家大学设立的商学院，它以其在商业教育各主要学科中的领导能力及创新水平而在全球享有盛誉。沃顿商学院通过在全球商业领域内的广泛研究与实践活动积累了全面和深入的商业知识。在沃顿商学院就读的本科生、MBA、EMBA和博士研究生超过四千八百名，每年参加沃顿商学院的高管管理培训课程的人次超过了九千，学院还拥有一个会员人数超过八万六千名的校友关系网。

沃顿商学院的官方网址为www.wharton.upenn.edu。

沃顿数字出版社

沃顿数字出版社致力于激发全球商业领域内有胆识和见地的思想。通过位于宾夕法尼亚大学的沃顿商学院以及沃顿商学院的知识在线，沃顿数字出版社运用创新的数字技术帮助管理者们面对今天以及未来的挑战。

作为一家企业型的出版机构，沃顿数字出版社可以随时随地向读者提供有价值的、易于理解的、概念可靠的以及基于实例的商业知识。沃顿数字出版社可提供的文件格式包括普通电子书、可用于移动终端上的增强型电子书，还可提供按需定制的纸质读物。沃顿数字出版社是一家面向普通商业读者的出版机构，涉及的领域包括管理与战略、创新创业、投资理财、领导能力、市场营销、企业运营、人力资源、社会责任以及企业与政府的关系等。

沃顿数字出版社网址为wdp.wharton.upenn.edu。

沃顿商学院·营销学

★ 以知为行 ★

沃顿商学院汇聚了世界上最顶尖、最知名的专家、学者和教授，任何一家媒体想要寻求当下关于营销趋势的读解，都会将沃顿作为他们的首选。沃顿商学院有全球最大的、最受尊敬的、影响力最大的营销学院，有越来越多的商业高管们来到沃顿商学院学习营销与管理课程。

沃顿商学院面向高管的"营销与销售课程"可以使商业领袖更多地接触业界最前沿的研究成果，帮助他们将自己的商业计划付诸实践、为企业带来立竿见影的影响力，让他们的公司更具竞争力。

芭芭拉·卡恩是"全球化环境下凭借品牌影响力获得长期增长"课程的学科主任。

沃顿"营销与销售课程"：
- 对顾客终生价值的分析
- 有竞争力的营销策略
- 顾客驱动型营销策略（印度）
- 领导高效的销售队伍
- 定价策略：评估、捕捉和保值
- 战略营销的要领
- 沃顿商学院营销绩效指标

欲了解更多"营销"课程的信息，请登录：www.wharton.upenn.edu
联系我们：execed@wharton.upenn.edu或者拨打+1.215.898.1776
（全球通用）